PRAXISHILFEN FÜR DEN KINDERGARTEN

Renate Lüber
unter Mitarbeit
von Hildegard Enderle
und Barbara Schmid

Stichwort »Planung«

Herder Freiburg · Basel · Wien

Anmerkungen
Eigene Ideen
Notizen

Fastnacht – Fasching – Karneval

Gespräche

Information für den Erzieher.

Fastnacht ist die mittelhochdeutsche Bezeichnung für die närrische Zeit im Jahr. In Österreich und Bayern spricht man vom Fasching, im Rheinland und in Italien vom Karneval.

- Fastnacht war ursprünglich die Bezeichnung für den Vorabend, später für die Woche vor dem Aschermittwoch, dem Beginn der Fastenzeit.
- Fastnacht wird regional in verschiedenen Ausprägungen mit Maskenumzügen begangen. So z. B. Rosenmontagsumzüge in Köln, Mainz, Düsseldorf, München; der Morgestraich in Basel, der Karneval in Rio und Venedig.
- Fastnacht bringt man manchmal auch in Zusammenhang mit Fasten und Fastenzeit und somit als vorweggenommene Entschädigung für die nachfolgende Zeit der Entsagung. Diese Form der Auslegung ist jedoch sehr umstritten. Es ist wahrscheinlicher, daß es von vasnet oder fasnet kommt, die auf das Wort „faseln" zurückgehen, was soviel bedeutet wie Unsinn reden – sich toll oder unsinnig gebärden, Possen treiben und seinen Mitmenschen zum Narren halten. Als Überbleibsel haben wir noch den 1. April (Aprilscherze).
  Im Mittelalter sprach man beim Zuchtvieh vom Vaselrind oder Vaselschwein, was Fruchtbarkeit – neues Leben – bedeutete.
- Bereits die antiken Schriftsteller erwähnen die Fastnacht als Treiben „Wilder Heere", die böse Taten bestrafen.
- Fastnacht wird auch gesehen als Nachfolger des römischen Saturnalienfestes (Wintersonnwendfest im Dezember). Für die Festzeit regierte ein hierzu gewählter Fürst (Überbleibsel: heutiger Faschingsprinz). Während seiner Herrschaft wurden den Sträflingen die Ketten abgenommen, Sklaven von ihren Herrschern bedient, die Kleidung ausgetauscht – man spielte verdrehte Welt.
- Fastnacht bei unseren germanischen Vorfahren bedeutete das Austreiben des Winters, jener kalten, lebentötenden und unfruchtbaren Jahreszeit, in der böse Geister und Dämonen ihre Herrschaft führten. Um sie zu vertreiben und von ihnen nicht erkannt zu werden, versteckten sie ihre Gesichter hinter Masken, Fratzen oder Larven mit besonders verzerrtem und angsterregendem Gesichtsausdruck. Das Ganze wurde noch mit Geschrei und Lärminstrumenten lautstark unterstützt. Heute noch gehören zur Fastnacht Singen, Lärmen, Pfeifen, Trommeln und Schellen.
  Fastnacht bei den Germanen bedeutete zugleich ein Frühlingsfest; es drückte die Freude über die wiedererwachende Natur (Mitte März) aus. Höhepunkt der Feier zu Ehren der Licht- und Frühlingsgöttin Ostara war das Feuer als Sinnbild des Lichts (heute Osterfeuer).
- In der späteren Bauernfastnacht wurden auf Gipfeln hochlodernde Feuer angezündet und darin glühend gemachte Holzscheiben mittels eines Stabes hochgeschleudert sowie brennende Räder den Berg hinuntergerollt. Mancherorts wurde der Winter auch als Strohpuppe dargestellt. Diese Bräuche sind je nach Gegend bis heute erhalten.
- Fastnacht bedeutet heute Freude an der Vermummung – Verwandlung.

Ausgang

Wir machen einen Faschingsumzug, z. B. zum Träger des Kindergartens.
Wenn möglich, besuchen wir ein Narrenmuseum.

Einladung

Wir laden Mitglieder aus einer Narrenzunft in unseren Kindergarten ein, natürlich in ihrem Kostüm und mit ihren Masken. Sie können dann über die Bedeutung und Herstellung ihrer Kleidung erzählen.

Da man oft auch unter den Eltern Mitglieder einer Narrenzunft hat, ist dies eine gute Möglichkeit, den Kindern die Angst vor den Masken zu nehmen.

Faschingsfest

Wir stellen unser Faschingsfest unter ein bestimmtes Motto. Beispiele für verschiedene Themen:

Wir feiern ein Burgfest

Mit Hilfe großer Schachteln, die entsprechend hergerichtet werden (Türme mit Fahnen, Mauern mit Zinnen), verwandeln wir unseren Gruppenraum in einen Burghof und stellen darin das Burgleben dar (Ritter und Burgfräulein, ein Turnier ...).

Für die Ritter werden Pappschwerter und Helme, für die Burgfräulein „Feenhüte“ und Ketten gebastelt.
Zu einem Fest gehört auch ein Festmahl. Bei einem Rittersmahl könnten es gebratene Hähnchenkeulen sein, die man wie die Ritter, ohne Besteck, mit den Fingern essen darf. Dazu Brot und Saft aus Krügen.

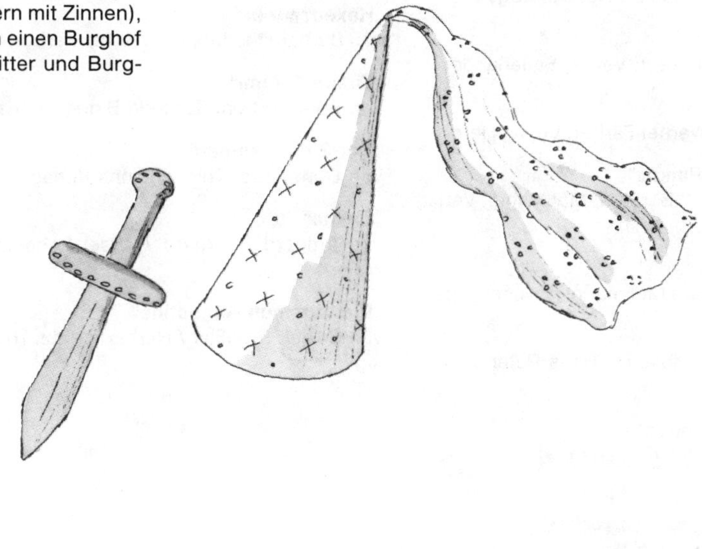

Große Schachteln braucht man zur Verpackung großer Haushaltsgeräte (Kühlschränke, Waschmaschinen). Deshalb im Elektrogeschäft danach fragen.

An so einem Tag ist es sinnvoll, sich das Festessen von einigen Müttern zubereiten zu lassen.

Anmerkungen
Eigene Ideen
Notizen

Im Hexenwald

Mit aus Papprollen und Tonpapier gebastelten Bäumen wird unser Gruppenraum in einen „Hexenwald" verwandelt. An unsere Fenster malen wir mit Fingerfarben Vögel (Eulen, Raben).
Aus Reisig wird für jede Hexe ein Hexenbesen gebastelt.
Wir erfinden unsere eigenen Zaubersprüche.
Als Hexenmahl gibt es einen „Hexentopf", einen bunten Gemüseeintopf mit in Rädchen geschnittenen Würstchen.

Manege frei – im Zirkus

Die Stühle in einem großen Kreis aufgestellt, die Rükkenlehnen mit Krepp-Papier umwickelt, schon haben wir eine Menge. Nun können sie kommen: die Clowns, Akrobaten, Jongleure, Dompteure ...
Basteln kann man eine Pappnase für den Clown, ein Krönchen für die Seiltänzerin, Bälle für den Jongleur ...
Zirkusessen: Warme Würstchen, Brötchen, Saft.

Weitere Themen:

Ein Besuch in Japan

Ein Besuch in China

Im Urwald

Ein Schloßfest ...

Im Zauberschloß

Auf dem Meeresgrund

Hemdglunkerball

Man kann auch den Titel eines Bilder- oder eines Kinderbuches übernehmen, ebensogut ein Märchen.

Bilderbücher

„Ritterbuch"
von Ali Mitgutsch. Ravensburger

„Heute wird gefeiert"
von Jutta Timm / Ursel Scheffler. Ravensburger

„Irma hat so große Füße"
von Ingrid und Dieter Schubert. Verlag Sauerländer

„Wo ist Jasper"?
von Barbara Moßmann / Werner Färber. Verlag Herder

„Wir machen was, sagt Pinkus"
von Ingeborg Ahrenkiel / Barbara Moßmann. Verlag Herder

„Die kleine Prinzessin"
von Werner Färber / Barbara Moßmann. Ravensburger

„Das Piratenschiff"
von Jesús Zatón / Teo Puebla. Dr. Hans Peter Verlag, Hanau

„Wo die wilden Kerle wohnen"
von Maurice Sendak. Diogenes Verlag

„Prinz Pfifferling"
von Babette Cole. Carlsen Verlag

„Das Verkleidungsfest"
von Antonelle Bolliger-Savelli. Verlag Herder

„Das Tierorchester Quietscheton"
von Hans-Dieter Sumpf. Verlag Herder

„Hexenzauber"
von Barbara Moßmann / Werner Färber. Verlag Herder

„Zirkus Salami"
von Eberhard und Elfriede Binder. Verlag Herder

„Der Zirkus kommt"
von Doris Otto. Thienemanns Verlag

„Zirkus"
von Irmgard Eberhard / Ursel Scheffler. Verlag Otto Maier

„Die dummen Augustine"
von Otfried Preußler / Herbert Lentz. Thienemanns Verlag

Anmerkungen
Eigene Ideen
Notizen

Vorlesebücher

„Im Zauberwald"
von Josephine Hirsch. Verlag Herder

„Die kleine Hexe"
von Otfried Preußler. Thienemanns Verlag

„Der kleine Wassermann"
von Otfried Preußler. Thienemanns Verlag

„Das kleine Gespenst"
von Otfried Preußler. Thienemanns Verlag

„Der Räuber Hotzenplotz"
von Otfried Preußler. Thienemanns Verlag

Bücher für den Erzieher

„Verkleiden Maskieren Schminken"
von Beatrice Tanaka. Ravensburger

„Verzauberte Gesichter"
Schminken für Kinderfeste und Spiele. Christophorus-Verlag / Brunnen-Reihe

„Rund ums Kinderfest"
Christophorus-Verlag / Brunnen-Reihe

„Mach mit im Zirkus Pumpernudel"
von Norbert Erhard / Wolfgang Zacharias. Ravensburger

„Gestalten und basteln mit Kindern"
von Helga Schlotterbeck. GTB 666

„Frühling im Kindergarten"
von Barbara Cratzius. Verlag Herder

Dias

Manche Film- und Bildstellen bieten Dias über Masken an.

Geschichte

Zirkus

Die Oma geht mit Konrad in den Zirkus.
Die Musik spielt laut. Es riecht nach Tieren, nach Sand, nach vielen aufgeregten Kindern.
Vor Konrad sitzt ein dicker Mann. Neben dem dicken Mann, vor der Oma, sitzt eine dicke Frau.
Ein Trommelwirbel – es geht los! Die Pferde traben herein. Auf den Pferden stehen Mädchen. Gerade in dem Augenblick, als zwei Mädchen von einem Pferd auf das andere springen, mitten im Galopp, beugt sich der dicke Mann nach rechts. Konrad sieht nichts mehr.
Alle Leute klatschen laut.
Konrad beugt sich weit nach links. Sechs Turner laufen herein. Sie springen auf kleinen Brettern wie Gummibälle in die Luft. Sie bauen einen Turm aus Menschen. Drei stehen unten. Die nächsten zwei springen ihnen auf die Schultern. Der letzte springt auf das Brett. Das Brett schleudert ihn hoch – und der dicke Mann beugt sich nach links. Konrad sieht wieder nichts.
Alle Leute trampeln und rufen: „Bravo!"
Konrad beugt sich weit nach rechts. Ein Käfig wird aufgestellt. Ein Tiger kommt herein, ein zweiter, ein dritter ... Sieben Tiger sitzen auf kleinen Stühlen, und vor ihnen steht ein Mädchen im Flitterkleid, und alle Tiger tun, was sie sagt. Sie tauschen die Plätze. Sie springen durch Reifen. Als das Mädchen zum größten Tiger tritt und seinen Kopf ganz nahe an den Tigerkopf heranbringt, beugt sich der dicke Mann nach rechts. Konrad sieht wieder nichts. Er steht auf.
„Niedersetzen!" rufen ringsum die Leute.
Konrad setzt sich. Er rutscht hin und her.
„In der Pause kannst du aufs Klo gehen!" flüstert ihm die Oma zu.
Konrad schüttelt den Kopf.
„Gefällt's dir nicht?" fragt die Oma.
Konrad mag sich nicht mehr nach links und nicht mehr nach rechts beugen. Sein Hals ist schon ganz steif.
Eine Trompete beginnt zu spielen.
Konrad beugt sich doch wieder nach rechts.
Ein Clown tritt auf. Er hat eine rote Nase im weißen Gesicht und an seiner weißen Jacke baumeln viele bunte Quasten. Der Clown spielt ein trauriges Lied. Da wächst aus seiner Trompete eine Blume.
Konrad beugt sich noch weiter nach rechts.
Dem Clown fallen Luftballons aus den Taschen.
Rote, grüne, gelbe, blaue. Ein grüner schwebt davon.
Der Clown hebt einen roten auf. Er wirft den roten Ballon in den Zuschauerraum. Die Kinder quietschen.
Und plötzlich spürt Konrad etwas an seiner Wange. Etwas Pralles, etwas Kühles, etwas, das die Haut kribbelig macht.
Konrad packt zu. Er hat einen Luftballon!
Einen roten Luftballon, den der Clown ihm zugeworfen hat.

Mira Lobe / Renate Welsh

Aus:
„Das Kindernest",
Verlag Herder

Weitere Geschichte:
„Aber wenn die Hexen kommen ..."
Aus: „Was Kinder bewegt"
von Christine Merz.
Verlag Herder
Buch „Herbst"

Reime

Bei Zwergen und Riesen

So ist es im Lande der Zwerge:
Ameisenhaufen sind die Berge,
das Sandkorn ist ein Felsenstück,
der Seidenfaden ist ein Strick,
der Nagel ist gar eine Stange,
ein Würmchen wie eine Schlange,
als Elefant gilt eine Maus,
der Fingerhut ist dort ein Haus,
als Fenster scheinen Nadelöhre,
ein Glas Wasser wird zum Meere,
ein Haar wird da zum dicksten Baum –
man glaubt es kaum.

So ist es im Lande der Riesen:
Da nähen die Schneider mit Spießen,
da stricken die Mädchen mit Stangen,
da füttert man Vögel mit Schlangen,
da malen mit Besen die Maler,
da macht man wie Kuchen die Taler,
da schießt man die Mücken mit Pfeilen,
da webt man die Leinwand aus Seilen,
und fingerdick wächst dort ein Haar –
ist's wirklich wahr?

Fasnacht

I, O, A, Fasnacht ist da!
Wer kann keinen Spaß vertragen,
ja, der soll nicht nach uns fragen.
I, O, A, Fasnacht ist da!

I, O, A, Fasnacht ist da!
Schnee und Eis sind fast zerronnen,
Frühling hat das Feld gewonnen.
I, O, A, Fasnacht ist da!

I, O, A, Fasnacht ist da!
Winter darf nicht länger bleiben,
fröhlich wolln wir ihn vertreiben.
I, O, A, Fasnacht ist da!

*

Zur Faschingszeit,
zur Faschingszeit,
da gibt's nur Scherz und Fröhlichkeit.
Und wer nicht froh sein mag beim Schmaus,
der bleibe zu Haus, der bleibe zu Haus.
Wo sich die Freude blicken läßt,
da halten wir sie heute fest,
denn fröhlich sein in Ehren,
das soll uns keiner wehren.

Die Tiere machen Karneval
zu Marburg an der Lahn.
Der Hahn trägt einen Regenschirm
und schreitet stolz voran.

Auf einem Fahrrad fährt der Bär,
in Stiefeln kommt der Ackergaul,
die Gans hält einen Luftballon,
die Kuh hält eine Pfeif im Maul.

Der Ziegenbock schreit Kickriki,
der Dachs schlägt einen Purzelbaum,
der Uhu mit dem Jägerhut
spielt Dudelsack, man glaubt es kaum.

Und wenn sie auf dem Berge sind
hoch oben vor dem Schloß,
dann singen sie, dann tanzen sie.
Im Takte stampft das Roß.

Josef Guggenmoos

*

Mit den Masken und Gewändern
wollen alle sich verändern.
Doch weil's nicht zu ändern ist,
bleibst du schließlich, wer du bist.

Abzählreime

Hexe Minka,
Kater Pinka,
Vogel Fu,
raus bist du.

*

Auf einem Billi-Bolli-Berg,
da wohnt ein Billi-Bolli-Zwerg
mit seiner Frau Marei,
und du bist frei.

Fingerspiele

Zwei Hampelmänner aus dem Sack!
Der eine heißt Schnick,
der andere Schnack.
Schnick hat ein Krönchen
und Schnack einen Kranz,
so gehen die beiden zum lustigen Tanz.
Sie tanzen so manierlich
mit Schritten fein und zierlich.
Zuletzt gehen Schnick und Schnack
zurück in ihren Sack.

Anmerkungen
Eigene Ideen
Notizen

Josef Guggenmoos,
Die Tiere machen
Karneval,
aus:
„Das kunterbunte
Kinderbuch"
Verlag Herder

Anmerkungen
Eigene Ideen
Notizen

Lieder

Kinder kommt zu uns herein

Text: Renate Lüber / Melodie: Bernd Seitz

*

Heißa, hopsa, trallala!

Text und Melodie: R. Enger

2. Strophe siehe nächste Seite.

Anmerkungen
Eigene Ideen
Notizen

2. Heut sehn wir manch Spukgestalt,
alle Kinder sind bemalt,
und es klingt von fern und nah:
„Heißa, heut ist Fastnacht da!"
Macht nur mit, kommt alle her!
Ach, wir freuen uns schon sehr!
Macht nur mit, kommt alle her!
Ach, wir freuen uns schon sehr!

Text: Nortrud Boge-Erli
Melodie: Dorothée Kreusch-Jacob

Ich möchte mal wer anders sein

Aus:
„Das Liedmobil",
Ellermann Verlag,
München

2. Ich bin der Löwe Grausedich
und blecke meine Zähne
und schüttle meine Mähne
und fauche fürchterlich! Chu – chu-chu – chuuuuu!

3. Ich bin der Ritter Wunnimampf
und steige auf mein Pferd
und fuchtel' mit dem Schwert
und trabe in den Kampf! Heio – heioooooo!

4. Ich bin der Cowboy Schlenkerbein
und werf' mein Lasso rund
und brüll' mit meinem Mund,
fang' achtundachtzig Stiere ein! Ho – ho-ho – hoooo!

5. Ich bin der Riese Zappelfraß
und schlucke Erdbeereis
und Cola kübelweis.
Platzt mir der Bauch? Ach was! Aham – ahammmm!

6. Ich bin und bin, was ich nur mag,
ich denk' mir etwas aus.
Doch bleib' ich ich den ganzen Tag,
drum denk' ich mir was aus! Juhu – juhuuuuuuu!

Anmerkungen
Eigene Ideen
Notizen

Faschingsfest im Kindergarten

Text: Renate Lüber / Melodie: Bernd Seitz
© bei den Autoren

2. Faschingsfest im Kindergarten
einmal nur im ganzen Jahr.
Faschingsfest im Kindergarten
für die ganze Kinderschar.

Alle Masken sind schon da

Nach der Melodie: „Alle Vögel sind schon da“

1. Alle Masken sind schon da,
alle Masken, alle!
Rot und grün und gelb und blau,
eine ganze Maskenschau!
Alle Masken sind schon da,
alle Masken, alle!

2. Alle Kinder sind schon da,
alle Kinder, alle!
Liesel, Gretel und der Franz,
kommen alle heut zum Tanz!
Alle Kinder sind schon da,
alle Kinder, alle!

3. Alle Gäste sind schon da,
alle Gäste, alle!
Wolln mit uns recht lustig sein
und an unserm Fest sich freun!
Alle Gäste sind schon da,
alle Gäste, alle!

Anmerkungen
Eigene Ideen
Notizen

Der Cowboy Jim aus Texas

Text und Melodie: Fredrik Vahle

Aus:
„Der Liederspatz“
AKTIVE MUSIK
Verlagsges.,
Dortmund

2. Der Floh tat Jim begleiten,
er hatte Spaß am Reiten.
Und ging der Jim aufs Klo,
dann tat das auch sein Floh.
Jippi jeh ...

3. Am Tschikitschobasee
ruft Jim sein Jippijeh.
Doch einst am Lagerfeuer
da war's da nicht geheuer.
Jippi jeh ...

4. Im ersten Morgengrauen
da wollt' man Jim verhauen.
Man schlich zu Jimmy fix,
der schlief und merkte nix.
Jippi jeh ...

5. Der Floh, der hört es trappeln,
tat sich auch gleich berappeln
und stach als echter Floh
den Cowboy in den Po.
Jippi jeh ...

6. Der Jim sprang auf und fluchte,
als er das Weite suchte.
So war's nix mit Verhauen
im ersten Morgengrauen.
Jippi jeh ...

7. Der Cowboy Jim aus Texas
sitzt oft bei seiner Oma.
Und beide schaun sich dann
im Fernsehn Cowboyfilme an.
Jippi jeh ...

Winteraustreiben

Altes Ansingelied

Mit den Kindern sollte über den Liedtext gesprochen werden, damit sie den Inhalt verstehen können.

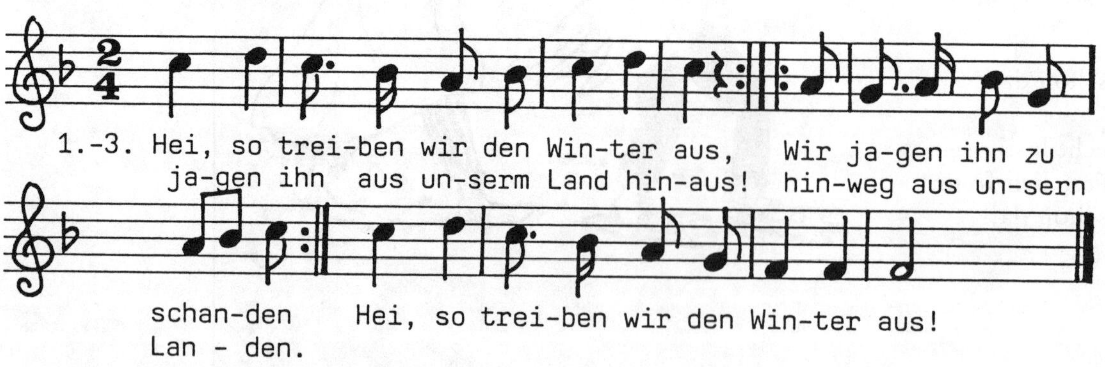

2. Hei, so ... Wir schlagen in das alte Stroh,
da brennt der Winter lichterloh. Hei ...

3. Hei, so ... Wir stürzen ihn von Berg [zu Tal,
auf daß er sich zu Tode fall. Hei ...

Anmerkungen
Eigene Ideen
Notizen

Singspiele

Indianerlied

Text und Melodie: Margot Pötschke

Aus:
„Zeige, was du hörst“, von Margot Pötschke
Teil II
Edition
Wilhelm Hansen

2. Indianer heißen wir, ahu, ahu, ahu!
Ums Lagerfeuer sitzen wir, ahu, ahu, ahu!
Wir singen jetzt mit lautem Klang
den wilden Indianersang, ahu, ahu, ahu, ahu, ah–u, ahu, ahu.

3. Indianer heißen wir, ahu, ahu, ahu!
Ganz leise schleichen können wir, ahu, ahu, ahu!
Wir laufen schneller als der Wind,
und plötzlich wir verschwunden sind, ahu, ahu, ahu, ahu, ah–u, ahu, ahu

Spiel:
Vers 1: Die Kinder kommen in einer losen Gruppe singend an und wechseln bei dem ahu zwischen Grätsch- und Schlußsprüngen am Platz. Um den wilden Indianertanz zu zeigen, verteilen sie sich über den Raum und tanzen auf dem gewählten Platz mit wilden Sprüngen und Drehungen unter lauten ahu-Rufen und bleiben während des langgezogenen ah–u in Grätschstellung mit hochgeworfenen Armen in großer Spannung stehen. Das ah– soll möglichst lange ausgehalten werden.
Vers 2: Die Kinder bilden einen engen Kreis um ein vorgestelltes Lagerfeuer und setzen sich während des Singens von „Ums Lagerfeuer sitzen wir“ langsam im Schneider- oder „Indianersitz“ nieder. Bei „Wir singen jetzt mit lautem Klang den wilden Indianersang“ trommeln sie mit den Fäusten vor sich auf den Fußboden. Das ahu wird mit leichtem Schlagen der flachen Hand vor dem Mund gesungen, wodurch ein Vibrato ertönt. Das langgezogene ah– wird im Indianersitz wieder mit hochgeworfenen Armen gesungen.
Vers 3: Während des Singens von „Indianer heißen wir“ wird langsam aufgestanden. Danach schleichen die Kinder langsam herum, wobei entsprechend leise und langsam gesungen werden muß. Dann laufen sie schnell zu einem selbstgewählten Versteck, aus dem noch einmal leise, wie aus großer Ferne, das ahu erklingt. Um die Kinder wieder aus ihrem Versteck hervorzuholen, kann der/die Spielleiter/in nach Beendigung des Liedes sagen: „Aus dem Busche husch, husch, husch, kommen alle, husch, husch, husch.“ Es kann auch ein Kind als „Häuptling“ diese Aufforderung sprechen.

Anmerkungen
Eigene Ideen
Notizen

Dornröschen

2. Dornröschen, nimm dich ja in acht! ...
3. Da kam die böse Fee herein ...
4. Dornröschen, schlafe hundert Jahr! ...
5. Da wuchs die Hecke riesengroß ...
6. Da kam ein junger Königssohn ...
7. Dornröschen, wache wieder auf! ...
8. Da feierten sie das Hochzeitsfest ...
9. Da jubelte das ganze Volk ...

Spiel:
Singender Kreis. Dornröschen in der Mitte. Die Fee kommt und singt; die Hecke wächst (enger Kreis mit hochgereckten Armen); der Königssohn reitet um die Hecke, sie öffnet sich, und er singt. Dornröschen erwacht und gibt ihm die Hand; das Paar schreitet im singenden Kreis. Zum Schluß tanzen alle.

Manuelles Gestalten

Das manuelle Gestalten ergibt sich aus dem jeweiligen Faschingsthema.

Malen

Wir malen uns mit Wachs- oder Wasserfarben in unserem Faschingskostüm.

Masken basteln

Wir basteln Masken – passend zu unserem Faschingsmotto – aus Papiertüten oder Karton (Aktendeckel).

Hüte basteln

Wir basteln Hüte – passend zu unserem Faschingsmotto – aus Karton und Buntpapier.

Tier

Clown

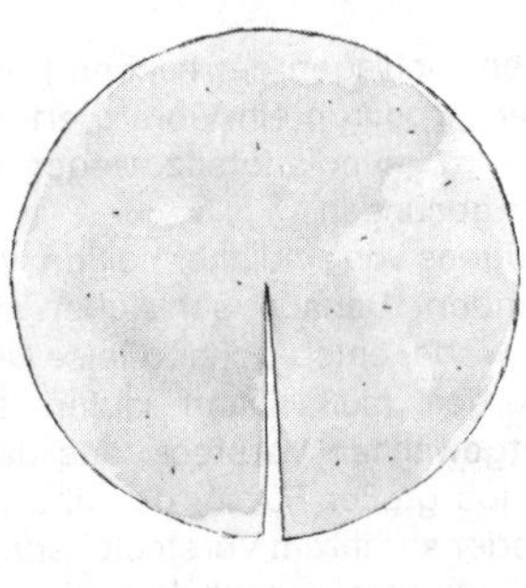
Bis zur Mitte einschneiden und übereinanderkleben.

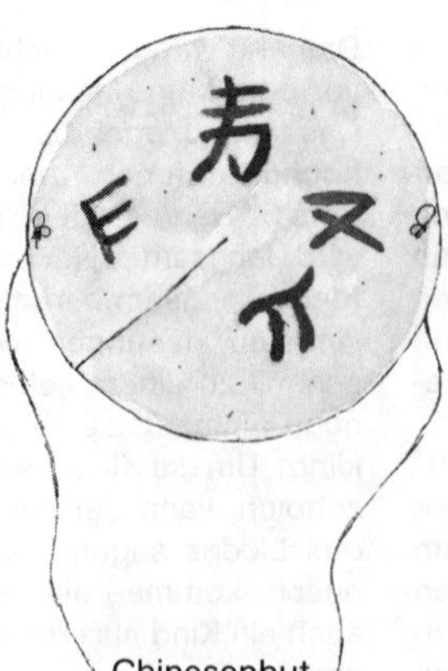
Chinesenhut

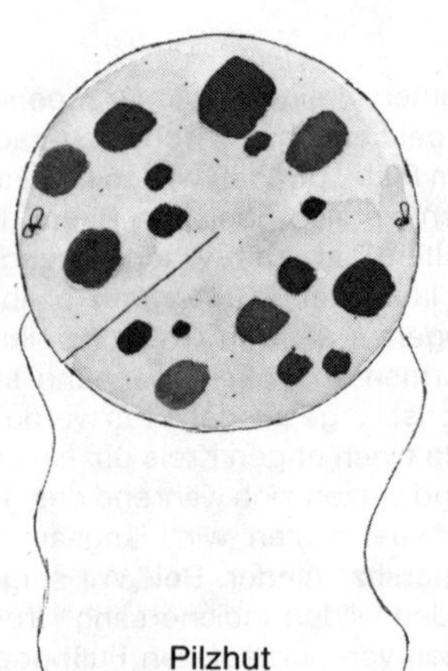
Pilzhut

Indianertrommel

Material:
Leere Waschpulvertrommel
Buntpapier und Kleister

Hexe

Material:
Tapetenreste
Tonpapier, verschiedene Farben
Krepp-Papier in verschiedenen Farben für die Haare
Stoff-, Spitzen-, Vorhang- und Bortenreste zum Ausschmücken
kleines Stöckchen, um das Reisig gebunden wird

Ausgang für den Rock ist ein Kreis, der auf ein Viertel zusammengefaltet wird; Kopf mit Haaren ankleben. Kopftuch darüberkleben, Füße und Hände einkleben; Hexenbesen durch Rock schieben und festkleben.

Hampel-Clown

Material:
Pappscheiben,
zwei verschiedene Größen
Wasserfarben
Heftklammern
Wollreste für Haare

Pappscheiben werden mit Wasserfarben bunt bemalt, nach dem Trocknen Arme und Beine angeklammert, Kopf, Hut – Haare und Schuhe angeklebt. Nun werden am Rücken Fäden so verknotet, daß der Clown auch hampeln kann.

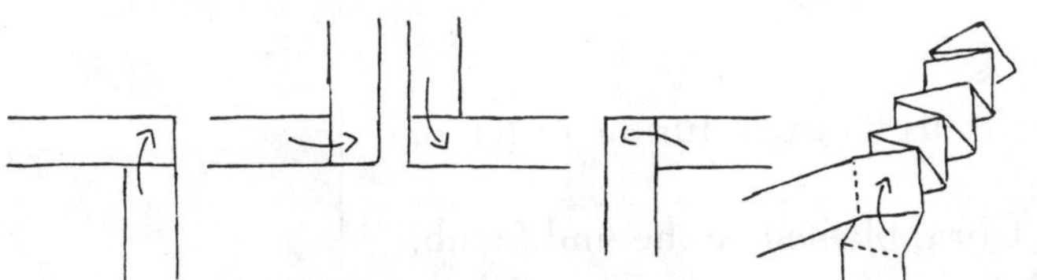

Hexentreppen-Kasper

Material:
Tonpapierstreifen, zwei verschiedene Breiten
Bierdeckel mit Tonpapier überzogen für den Kopf, buntes Tonpapier für Gesicht, Haare, Hände und Füße

Die Hexentreppen werden gefaltet, zusammengeklebt, Hände, Füße und Kopf angeklebt, sowie ein Faden, an dem man den Kasper aufhängt.

Girlanden

Wimpelgirlande

Material:
Bunte Papierquadrate
Paketschnur
Kleister und Pinsel

Schnur in kindgerechter Höhe spannen, Quadrate Spitze auf Spitze falten, inneren Bruch mit Kleister bestreichen und auf Schnur kleben.

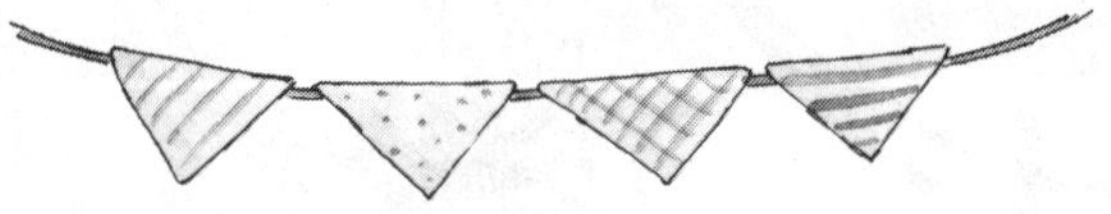

Girlanden aus kostenlosem Material

Material:
Z. B. Papprollen und
Styroporflocken (Füllmaterial)
Farben und Schnur

Die Papprollen werden mit Plaka-, Wasser- oder Wachsfarben bunt bemalt und danach im Wechsel mit den Styroporflocken auf die Schnur aufgezogen.

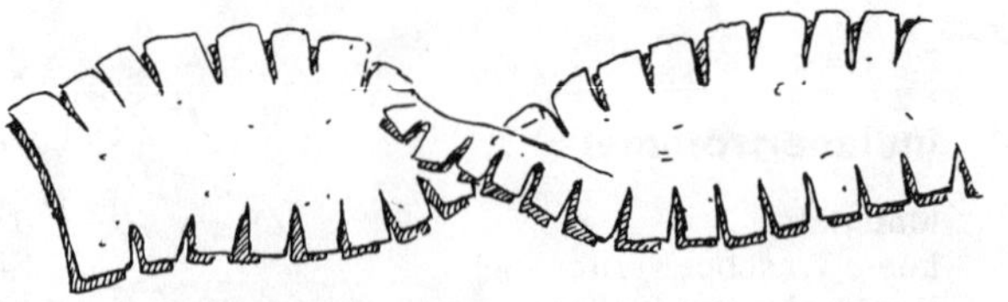

Fransengirlande

Material:
Krepp-Papier
Schere und Klebstoff

Etwa 12 cm breite Streifen vom Krepp-Papier abschneiden, diese auf halbe Rollenlänge abschneiden, dann die Streifen zweimal auf die Hälfte zusammenlegen, daß sie vierfach liegen. Streifen von der offenen Seite her bis etwa 1 cm vor dem Mittelbruch einschneiden. Fertige Streifen zu langen Girlanden zusammenkleben und beim Aufhängen in sich drehen.

Religiöse Erziehung

- Das Ende der Fastnacht, der Aschermittwoch, kann bereits als Baustein für die Ostervorbereitung dienen.
  Fastnachtsgirlanden werden in einer Schale verbrannt. Übrig bleiben Asche und Staub. Dies kann als Gesprächsansatz dafür dienen, daß alles einmal zu Staub wird. Wenn Kinder schon eine Beerdigung erlebt haben, kann auch darüber gesprochen werden.
  Das Aschekreuz auf der Stirn am Aschermittwoch soll die Menschen daran erinnern, daß auch sie zu Staub werden.
- Anhand der Pflanzen läßt sich das Werden und Vergehen besonders gut verdeutlichen. Die Kinder sollen erleben, daß aus etwas scheinbar Totem neues Leben werden kann, daß das Leben aus Wachsen und Vergehen besteht.
- Die Asche der Faschingsgirlanden wird aufbewahrt, um mit ihr die Blumenerde zu lokkern, in der man mit den Kindern im Frühjahr aussät.

  Siehe auch **Frühlingsthema:** „Vom Ei zum Schmetterling" (S. 15) – Der Weg von der Raupe über den scheinbar leblosen Kokon zum Schmetterling.

Anmerkungen
Eigene Ideen
Notizen

Komm doch, lieber Frühling

Gespräche

Denkanstöße zur Gesprächsauswahl.

- Frühling ist die Zeit der Freude, Zeit des Lichts und der Wärme. Die Tage werden länger. Das Licht und die Wärme zieht die Menschen aus ihren Häusern. Alles drängt nach draußen, wird fröhlicher, fühlt sich freier – die Welt wird „größer".
- Frühling – die ersten Blumen wie Schneeglöckchen, Krokus, Buschwindröschen, Huflattich zeigen uns die Wende an.
  Die Knospen an Büschen und Bäumen schwellen an – fangen an aufzubrechen.
  Viele Frühlingsblumen sind nicht nur schön, sondern auch giftig. So z. B. Krokus, Maiglöckchen, Forsythien ...
  Andere Pflanzen stehen wiederum unter Naturschutz wie z. B. Weiden (während der Blüte).
- Die heimischen Tiere erwachen aus dem Winterschlaf.
- Die Zugvögel kehren aus dem Süden zurück und suchen sich Nistplätze.
- Kniestrümpfe, kurze Hosen, T-Shirts, Sandalen und Sonnenhüte werden bei den ersten warmen Strahlen wieder vorgeräumt oder neue eingekauft.
- Die Gemüsebeete werden neu angelegt. Es wird gesät, gesteckt, gepflanzt.
- Im Mai steht alles in voller Blüte. Die Bäume blühen, die Wiesen sind gelbgefärbt vom Löwenzahn. In Park- und Grünanlagen findet man eine herrliche Blumenpracht.

Unter diesen Gesichtspunkten sollten wir unsere Kinder zum Anschauen der Blumen und nicht zum sinnlosen Pflücken und Abrupfen anhalten. Siehe auch dazu Reim: „Wegwerfblumen" Seite 21.

Vielerorts werden Maibäume aufgestellt. Es gab sie bereits im 13. Jahrhundert als Zeichen der Fruchtbarkeit und der Lebenserneuerung. An ihnen wurden und werden die Zeichen der ortsansässigen Zünfte befestigt.
Weitere Bräuche sind das Mai-Ansingen und der Maientanz.

Gesprächspunkte:
Vom „Schirmchen" bis zur „Löwenzahnsonne"
Vom Samen bis zur Frucht
Vom Ei über die Kaulquappe bis zum Frosch
Vom Ei zum Schmetterling ...

Ausgang

Frühlingsspaziergang: Wir unternehmen an einem schönen warmen Frühlingstag einen Spaziergang über Wiesen und Feldwege. Durch einen Park.

Rezepte

Schnittlauch-Brot

Butterbrot mit frischem, kleingeschnittenem Schnittlauch und leicht gesalzen.

Neue Kartoffeln mit Kräuterquark

Mai-Bowle

2 Flaschen Apfelsaft
1 Flasche Zitronensprudel
1 Strauß Waldmeister
Zubereitung: Den Apfelsaft in ein größeres Gefäß füllen und den Waldmeister darin zwei Stunden ziehen lassen. Danach Zitronensprudel dazugießen – fertig.

Wenn der Waldmeister weiße Blüten hat, darf er nicht mehr verwendet werden.

Anmerkungen
Eigene Ideen
Notizen

Wachsen erleben

Gemüsebeet

Wenn man auf dem Kindergartengelände die Möglichkeit hat, einen kleinen Gemüsegarten anzulegen, sollte man diese auch nutzen. Hierbei geht es nicht darum, Unmengen anzupflanzen, sondern den Kindern das Wachstum einiger unserer Nahrungsmittel näherzubringen. So z. B. einige Kartoffeln, Zwiebeln, Erbsen, Tomaten, Karotten ... Die Kinder können hierbei erfahren wie beispielsweise Witterungseinflüsse auf die Pflanzen wirken (zuviel – zuwenig Regen).

Sonnenblumen

Wir säen Sonnenblumen aus, ziehen sie in Blumentöpfen vor und setzen sie dann, im Abstand von etwa 50 cm, hinaus in unseren Garten.
Die Frucht (Samenkerne) dient uns im Winter als Vogelfutter.

Kresse aussäen

Wir säen Kressesamen auf Watte aus, halten sie gut feucht und warm und beobachten das Keimen und Wachsen.

Experimente

Bedingungen zum Wachsen

Wir lassen Bohnen keimen – wachsen
- unter normalen Bedingungen
- ohne Licht
- ohne Wasser

Bitte daran denken: Ungekochte Bohnen sind giftig!

Bilderbücher

„Bei uns im Garten"
von Wolfgang de Haen. Ravensburger

„Die kleine Raupe Nimmersatt"
von Eric Carle. Verlag Gerstenberg

„Die Geschichte von der dicken grünen Raupe"
von Barbara Cratzius / Pieter Kunstreich. Verlag Herder

„Eine kleine Raupe"
von Giorgio Vanetti. Verlag Boje

„Wir machen was, sagt Pinkus"
von Ingeborg Ahrenkiel / Barbara Moßmann. Verlag Herder

„Amadeus kann's nicht lassen"
von Isolde Heyne / Pieter Kunstreich. Verlag Herder

„Nur Mut, kleiner Rabe"
von Manfred Mai / Sylvia Öwerdieck. Verlag Herder

„Harry Hamster und das Mäusekind"
von Elisabeth Zink-Pingel. Verlag Herder

„Hallo, ihr Schmetterlinge!"
von M. Linton u. T. Terry / Tricia Newell dt. Edith Jentner. Pestalozzi-Verlag

„Die Amsel und ihr Nest"
von M. Linton u. T. Terry / Tricia Newell dt. Edith Jentner. Pestalozzi-Verlag

„Bunte Welt der Schmetterlinge / Das Tagpfauenauge"
von Heiderose und Andreas Fischer-Nagel. Kinderbuchverlag Luzern

„Im Bienenstock"
von Heiderose und Andreas Fischer-Nagel. Kinderbuchverlag Luzern

„Marienkäfer"
von Heiderose und Andreas Fischer-Nagel. Kinderbuchverlag Luzern

„Der Marienkäfer"
von Barrie Watts. Verlag Dr. Hans Peters, Hanau

„Das Storchenjahr"
von Heiderose und Andreas Fischer-Nagel. Kinderbuchverlag Luzern

„Aus dem Leben der Erdkröte"
von Elvig Hansen. Kinderbuchverlag Luzern

„Der kleine Käfer Immerfrech"
von Eric Carle. Verlag Gerstenberg

„Adelheid Schleim"
von Tatjana Hauptmann. Diogenes Verlag

„Komm mit nach Blumental"
von Peter Schössow / Friedl Hofbauer / Ingeborg H. Tschinkel. Verlag Jugend und Volk, Wien – München

„Die kleine Spinne spinnt und schweigt"
von Eric Carle. Verlag Gerstenberg

„Spinnen"
von Claudia Schnieper / Max Meier. Kinderbuchverlag Luzern

„Der Apfelbaum"
von Mira Lobe / Angelika Kaufmann. Verlag Jugend und Volk, Wien – München

„Der Apfelbaum im Jahreslauf"
von Claudia Schnieper / Othmar Baumli. Kinderbuchverlag Luzern

„Der Kastanienbaum"
von Heiderose und Andreas Fischer-Nagel. Kinderbuchverlag Luzern

„Nur ein kleines Samenkorn"
von Eric Carle. Verlag Gerstenberg

„Der Löwenzahn"
von Barrie Watts. Verlag Dr. Hans Peter, Hanau

„Was lebt in unserem Garten?“
von Waltraut Schmidt / Christine Adrian. Ravensburger

„Jakob der Storch“
von Ingrid Erkyn-Gayl / Ivan Gantschev. Neugebauer Press

„Das gehört mir“
von Leo Lionni. Verlag Middelhauve

„Ein Nest im Schilf“
von Christine Adrian / Pieter Kunstreich. Ravensburger

„Franz der Frosch“
Eine abenteuerliche Reise durch die bedrohte Welt, von Thomas Menzel. Ravensburger

„Herders Großes Bilderlexikon“. Verlag Herder

Mein Frühlingsbuch“
von Friederike Naroska. Verlag Herder

Vorlesebücher

„Vor unserem Fenster“
von Maria Kost. Verlag Herder

„Bei uns in der Natur“
von Michael Chinery. Verlag Herder

„Macht die Erde nicht kaputt“
hrsg. von Georg Bydlinski u. a. Verlag Herder

„Das kunterbunte Kinderbuch“
von Josef Guggenmos. Verlag Herder

„Was Kinder bewegt: Vom Frühling, von Tieren und von der Langeweile“
von Christine Merz. Verlag Herder

Geschichten

Ein Gartenbeet für den Kindergarten

Nachdenken und Fragen lohnt sich

Fräulein Gerti sitzt mit den Kindern ihrer Gruppe im Kreis. Alle überlegen. Seit zwei Wochen haben die Kinder mit ihrem Fräulein vom Frühling gesungen und gemalt, Blumen gebastelt und Tulpen gefaltet, sie haben mit Fingerfarben ein wunderschönes Frühlingsbild an die Fensterscheibe gezaubert und einen großen Blumenstrauß ausgeschnitten und ins Zimmer gehängt.
Fräulein Gerti hat mit ihnen „In unserem Garten blühen die Blumen“ gesungen und andere Frühlingslieder, und sie haben ein ganz neues Bilderbuch angeguckt, in dem alle Tiere drin vorkommen, die jetzt aus dem Winterschlaf erwachen, und alle Blumen, die jetzt so nach und nach aus der Erde wachsen. Gestern haben sie noch eine Bohne in ein Glas mit nasser Watte gesteckt, um zu beobachten, wie sie austreibt. Ja, und dabei hat Axel gesagt: „Fräulein Gerti, könnten wir nicht selber ein Beet haben – wo Gemüse wächst und wo wir selber gießen könnten?“ Und Birgit hat gleich mitgemacht: „Ja – wir könnten Karotten wachsen lassen, das macht meine Oma auf dem Land, und vielleicht ein paar Blumen – o ja bitte!“ Die ganze Kindergruppe war begeistert und hat auf das Fräulein eingeredet. Sie hatten die tollsten Ideen. Zwiebeln wollten sie setzen und ein großes Kartoffelbeet anlegen und natürlich auch ein paar Bohnen. „Und könnten wir nicht Erdbeeren pflanzen – das wäre toll.“

Fräulein Gerti hat die Kinder ausreden lassen und sich an den vielen Ideen gefreut. Dann hat sie die Kinder angeschaut und gesagt: „Ja Kinder, das ist ja alles gut und schön, und ich verstehe es ja auch, aber wo – wo sollen wir ein Beet machen?“
Die Kinder sind ans Fenster gerannt, und da ist es ihnen wieder eingefallen. Der Kindergarten Schulstraße hat nur einen ziemlich kleinen Hof. Und der ist betoniert. Nur ganz hinten, dort wo die große Platane steht, da ist ein Stückchen Wiese – grade rundherum um den Baum. Ein Beet kann man da nicht machen.
Die Kinder sind ganz traurig an ihre Plätze zurückgegangen, und das Fräulein hat versucht, sie zu trösten.
„Ich weiß, ihr seid jetzt enttäuscht. Aber hier im Kindergarten geht das nicht. Wir sind eben mitten in der Stadt. Was soll man da tun? – Trotzdem, die Idee ist so gut, ich will mir bestimmt etwas überlegen. Vielleicht gibt es doch noch eine Möglichkeit. Aber für heute ist Schluß – zieht euch schnell an, die Mamas warten schon.“
Ja, und heute, da sitzen sie wieder im Kreis und überlegen. Fräulein Gerti hat erzählt, daß sie beim Gartenamt angerufen und gefragt hat, ob sie nicht irgendwo ein Stückchen Land für ein Gartenbeet hätten. Aber der Mann hat sie fast ausgelacht. „Wie stellen Sie sich das vor – vielleicht mitten in den

Anmerkungen
Eigene Ideen
Notizen

Städtischen Gartenanlagen oder gar im Park?" Nein, da war nichts zu machen.
„Wir müßten einmal die Eltern fragen", schlägt jetzt Fräulein Gerti vor. „Ja", Robert steht auf, „vielleicht weiß mein Papa was!"
„Wir haben einen Schrebergarten", meint Elke, „aber da muß man mit der Straßenbahn eine halbe Stunde weit fahren!" „Das geht nicht", meint Fräulein Gerti. „Wir können ja nicht jeden Tag eine halbe Stunde Straßenbahn hin- und zurückfahren, nur um die Blumen zu gießen, wenn es einmal trokken ist. Wenn man nur jemand wüßte, der einen großen Garten hat und ein Stückchen entbehren könnte."
„Bei uns nebendran ist ein großes Haus mit einem großen Garten, da wohnt nur eine alte Frau", sagt Mark. „Aber ob wir die einfach fragen können?" „Naja, mehr wie nein sagen kann sie ja nicht!"
Den Kindern ist nicht so ganz wohl bei dem Gedanken. Andererseits wenn man nicht fragt, kommt man nie zu etwas, was man gerne hätte – und die Kinder hätten zu gerne ein kleines Gärtchen.
Am Mittag gehen sie mit Fräulein Gerti zu dem Haus. „Hast du Muffe, Fräulein?" fragt Volker. „Naja", sagt Fräulein Gerti, „ein bißchen Herzklopfen habe ich schon, aber eigentlich kann uns ja nichts passieren."
Sie stehen vor dem großen Tor, und Claudia darf auf die Klingel drücken.
Die Türe geht auf, und eine Frau kommt heraus. „Na, so alt ist die aber nicht!" murmelt Fräulein Gerti noch vor sich hin, dann steht Frau Maas vor der Kinderschar. Sie sieht sehr verwundert aus. „Guten Tag", fängt Fräulein Gerti an, „wir sind vom Kindergarten in der Schulstraße und wollten Sie etwas fragen." Frau Maas lächelt jetzt freundlich, und in der Kindergruppe ist es mucksmäuschenstill.
„Also es ist so, daß die Kinder zu gerne ein kleines Gartenbeet hätten, um ein wenig Gemüse und ein paar Blumen anzupflanzen. Aber bei uns im Kindergarten ist alles zubetoniert, und sonst weiß auch niemand eine Möglichkeit, wo die Kinder ein eigenes Gartenbeet anlegen könnten. Da sagte uns Mark, daß sie so einen großen Garten haben – und da wollten wir fragen, ob ..." Das Fräulein stockt.
„Ob ich Ihnen einen kleinen Teil des Gartens gebe?" macht Frau Maas den Satz fertig. Die Kinder nicken. „Sie kriegen auch was ab!" sagt Julia, und Myriam fügt hinzu: „Ein paar Möhren und eine Kartoffel!"
„Oho – Kartoffeln wollt ihr auch anpflanzen?" fragt Frau Maas. Die Kinder nicken. „Naja, ich weiß nicht so recht, der Garten ist ja tatsächlich sehr groß, und ich komme sowieso nicht damit zurecht, seit mein Mann krank ist und sich nicht mehr so drum kümmern kann. Aber, wie stellt ihr euch das denn vor? Ich meine, ihr könnt ja nicht erwarten, daß ihr in meinem Garten ein- und ausgeht wie bei euch zu Haus? Mein Mann braucht Ruhe, also wenigstens am frühen Nachmittag; ich müßte erst mal mit ihm reden!"
Fräulein Gerti nickt. „Es ist ja nur eine Frage, Frau Maas. Und mit dem Zeitpunkt, da könnten wir uns schon nach Ihnen richten – z. B., daß wir nur morgens immer kommen oder so. Sie können sich alles in Ruhe überlegen und uns dann Bescheid sagen!"
Die Kinder haben den ganzen Tag noch herumgerätselt und konnten es kaum erwarten, bis sie die Antwort von Herrn und Frau Maas bekämen.
Am nächsten Tag klingelt schon ganz früh das Telefon im Kindergarten.
Fräulein Gerti geht dran, und als sie zurückkommt, strahlt sie über das ganze Gesicht! „Wir kriegen ihn – den Garten – zur Probe. Frau Maas hat gesagt, daß sie es einmal versuchen wollen. Heute nachmittag nach dem Kindergarten gehe ich zu ihr, und wir besprechen, wie wir alles machen!"
„Jippp, jippiii", die Kinder schreien und johlen vor Freude, und in der Gruppe ist so ein Krach, daß man sein eigenes Wort nicht mehr versteht.

Christine Merz

Aus:
Chr. Merz,
„Was Kinder bewegt – Frühling"
Verlag Herder

Anmerkungen
Eigene Ideen
Notizen

Mai – Marienkäfer

Jan freut sich, weil ihn gerade ein Marienkäfer besucht.
Er läßt ihn auf der Hand krabbeln und den Arm hinauf, und das kitzelt ein bißchen.
Dann schaut er gespannt zu, wie die Flügel des Marienkäfers zu zittern anfangen, sich ausbreiten und den hübschen kleinen Kerl durch die Luft davontragen.
Er mag diese Käferchen.
Der Vater sagt: „Ich mag sie auch.
Ich glaube, jeder mag sie.
Und da haben die Marienkäfer Glück, denn weil sie so hübsch sind, tut ihnen keiner was.
Niemand tritt sie kaputt wie die Spinnen zum Beispiel, obwohl die, wenn man genau hinsieht, auch hübsch sind und außerdem ebenso nützlich."
„Sind Marienkäfer nützlich?
Und was ist nützlich?" fragt Jan.
„Nützlich, hm", überlegt der Vater, „das ist meist etwas, was uns Menschen nützt, also was wir gut brauchen können.
Die Marienkäfer zum Beispiel helfen uns, indem sie Blattläuse fressen.
Du hast doch schon gesehen, wie sich die Blattläuse überall breitmachen und die Blätter anfressen, auf Pflanzen im Garten und auf dem Gemüse in unserem Beet, auf Blumen und Küchenkräutern, sogar auf den Kirschen am Baum sitzen sie manchmal im Sommer.
Und wenn die Marienkäfer sie nicht fressen
würden, gäbe es noch mehr Blattläuse."
„Von so einer kleinen Blattlaus werden sie satt?" fragt Jan ungläubig.
Doch der Vater erklärt: „Sie fressen nicht nur eine, sie fressen unendlich viele.
Marienkäfer haben immer großen Hunger.
Wenn sie an einem Zweig mit Blattläusen sitzen, verschlingen sie eine nach der anderen.
Und nicht nur die Käfer, auch ihre Larven sind so gefräßig."
„Was ist das: ihre Larven?" will Jan wissen.
„Nun, aus den Eiern, die die Marienkäfer legen, schlüpft nicht gleich ein kleines fertiges Marienkäferchen aus", erklärt der Vater.
„Aus dem Ei kommt etwas, das dem hübschen Käfer gar nicht ähnlich sieht, das gleicht mehr einem kleinen Wurm mit Beinen, und das ist die Larve.
Nach einiger Zeit, und nachdem sie viele, viele Blattläuse gefuttert hat, verpuppt sich die Larve, das heißt, sie zieht sich auf ein stilles Blatt zurück und spinnt eine feste Schale um sich, in der sie einige Wochen tief schläft.
So lange, bis aus der Larve ein Marienkäfer gewachsen ist, und der schlüpft dann aus der Puppenhülle heraus."
Jan fragt: „Und das Marienkäferchen, das vorhin auf meiner Hand saß, war auch einmal eine Larve?"
„Ja", meint der Vater, „aber schon im vorigen Sommer.
Es hat irgendwo den Winter verbracht, wo es nicht so kalt war, vielleicht unter Baumrinden oder Steinen, vielleicht auch in unserer Wohnung in einer Ritze.
Nun fliegt es umher und wird bald Eier legen, und dann müssen wir mal genau die Blätter im Garten ansehen, ob wir nicht Larven oder Puppen entdecken!"

Maria Kost

Aus:
Maria Kost,
„Vor unserem Fenster"
Verlag Herder

Reime

Der Schmetterling

„Schmetterling, wie bist du schön!
Dieser Flügel reiche Pracht,
dieser Farben bunte Zier!
Laß dich in der Nähe sehn."

Und der Knabe hat das Tier
bei den Flügeln leicht erwischt.
Hätt' er jemals wohl gedacht,
daß die Schönheit und die Pracht
wie ein Hauch so schnell erlischt?

Diesen Reim kann man mit als Auftakt für ein Gespräch nehmen.

*

Im Walde, da singen die Vögelein:
Es muß doch wieder Frühling sein!
Das Bächlein hört das frohe Lied
und nimmt es zu den Blumen mit.
Die Blumen sagen's den Käferlein
und all den Tieren groß und klein.
Nun schallt es durch die ganze Welt:
Der Frühling hat sich eingestellt.

Frühlingsankunft

Der Lenz ist angekommen,
habt ihr es nicht vernommen?
Es sagen's euch die Vögelein,
es sagen's euch die Blümelein:
Der Lenz ist angekommen.

Ihr seht es an den Wäldern,
ihr seht es an den Feldern,
der Kuckuck ruft, der Finke schlägt,
es jubelt, was sich froh bewegt:
Der Lenz ist angekommen.

Hier Blümlein auf der Heide,
dort Schäflein auf der Weide,
ach, seht doch, wie sich alles freut!
Es hat die Welt sich schön erneut:
Der Lenz ist angekommen.

*

Blümchen am Wege,
Blümchen am Stege,
Blümchen blüh,
Frühjahr ist hie.

*

Marienkäferchen, setze dich
auf meine Hand, auf meine Hand,
ich tu dir nichts zuleide.
Es soll dir nichts zuleid' geschehn,
will nur deine bunten Flügel sehn,
bunte Flügel, meine Freude.

*

Der Frühling, der Frühling,
das ist der allerbeste,
da haben wir viel Spaß
und feiern frohe Feste.

Der Vogel im Ei

Es knackt und stößt,
was kann das sein?
Ein Eichhorn,
das Nüsse knackt?
Nein!
Es ist ein Vögelein
zart und klein.
Es stößt erst
sein Schnäbelein,
dann das eine
und auch andere Bein
durch die Eierschale.
Nun muß es gefüttert werden,
denn es soll stark
und kräftig werden.

Felix, 9 J.

*

Der Kuckuck auf dem Zaune saß,
da kam ein Regen, da ward er naß.
Da kam der liebe Sonnenschein,
da ward der Kuckuck hübsch und fein.

Frühlingssonne

Frühlingssonne, komm herbei,
laß die Blumen blühen.
Frühlingssonne, komm herbei,
sieh die Vögel ziehen
aus dem Süden zu uns her,
bauen Nester, freun uns sehr,
wollen hier jetzt bleiben.

Renate Lüber

Anmerkungen
Eigene Ideen
Notizen

Dieses Gedicht kann man als Auftakt für ein Gespräch nehmen.

Es ist entnommen aus:
R. Krenzer,
„Deine Welt ist meine Welt"
Verlag Herder

Wegwerfblumen

Dreizehn Blumen auf dem Weg
lagen dort verstreut,
abgerissen,
fortgeschmissen,
mußten sterben heut.
Dreizehn Blumen waren erst
gestern aufgewacht.
Mußten sterben
und verderben
nach der ersten Nacht.

Einen ganzen Winter lang
tief im Land geborgen,
warteten sie unterm Schnee
auf den Frühlingsmorgen.
Als die Sonne endlich konnt'
Licht und Wärme geben,
da erwachte überall
wieder neues Leben.

Es begannen Gras und Klee
wieder neu zu sprießen.
Und die Blumen wollten blühn
auf den grünen Wiesen.
Als die Vögel kehrten heim,
haben froh gesungen,
sind die Knospen gestern früh
freudig aufgesprungen.

Gestern früh noch blühten sie,
um uns zu beglücken.
Einer kam und bückte sich,
um sie abzupflücken.
Dreizehn Blumen waren grad
wieder neu geboren.
Dreizehn Blumen wurden dann
auf dem Weg verloren. *Rolf Krenzer*

Abzählreime

Eins, zwei, drei, vier, fünf,
der Storch hat rote Strümpf,
der Frosch, der hat kein Haus,
und du bist raus.

*

Olle, bolle Müller-Hans,
heute, da ist Maientanz
bei den Buchen
– du mußt suchen.

Fidariz und fidaratz,
die Maus ist kein Spatz,
der Spatz ist kei' Maus,
und du bist drauß.

Eins, zwei, drei, vier, fünfe,
Frösche lieben Strümpfe,
aber keine Berge,
Riesen sind nicht Zwerge,
Zwerge sind nicht Riesen,
Wälder sind nicht Wiesen,
Tannen sind nicht Buchen,
wen es trifft, muß suchen.

*

Viele Bienen sum, sum, sum,
schwirren hier im Kreis herum,
Bienen bleiben niemals stehn,
und du darfst gehn. *Renate Lüber*

*

Eins, zwei, drei, vier Käferlein,
krabbeln aus im Sonnenschein,
krabbeln wieder heim,
und du mußt sein. *Renate Lüber*

Rätsel

Auf unserer Wiese gehet was,
watet durch die Sümpfe.
Es hat ein schwarz-weiß Röcklein an,
trägt auch rote Strümpfe.
Fängt die Frösche quack, quack, quack;
Klappert lustig klapp, klapp, klapp;
wer kann das erraten? (Storch)

Er fliegt und ist kein Vogel,
er brummt und ist kein Bär,
frißt Laub wie eine Ziege,
fliegt nur im Mai umher.
(Maikäfer)

*

Kennst du das allergrößte Licht?
Es scheint und wärmt
und „brennt“ doch nicht. (Sonne)

*

Welches Kätzchen kann nicht laufen?
(Weidenkätzchen)

*

Welches Kätzchen fängt keine Maus?
(Weidenkätzchen)

*

Ich kenne kleine Kätzchen,
sie fangen keine Spätzchen,
sie wohnen nicht im Häuslein
und fangen keine Mäuslein.
Was für Kätzchen solln das sein?
(Weidenkätzchen)

*

Ich kenn' ein kleines Glöckchen
mit einem weißen Röckchen,
es läutet leis im Frühlingswind
wie heißt das Glöckchen, liebes Kind?
(Schneeglöckchen)

*

Welches Glöckchen hört man nicht?
(Schneeglöckchen)

*

Kannst du raten, wer ich sei?
Ich komm' allezeit im Mai,
hab' ein weißes Kleidchen an
mit gar feinen Spitzen dran.
Zieht der Monat Mai ins Land,
kommen Blumen allerhand;
und da bin ich auch dabei;
ei, nun rate, wer ich sei! (Maiglöckchen)

*

Wer bin ich, Kleine?
Ich habe acht Beine,
bin rund und klein,
zieh Netze fein,
aus zarten Fädchen,
ganz ohne Rädchen. (Spinne)

An den Blüten will er naschen,
Kinderlein, die woll'n ihn haschen.
(Schmetterling)

*

Was summt im Garten
so lustig und leis,
von Blume zu Blume
mit emsigem Fleiß? (Biene)

*

Ich plätschre gern im Wasser,
doch hüpf' ich auch aufs Land.
Ich schnappe fette Fliegen,
und grün ist mein Gewand.
Groß glotzen meine Augen,
sie stehen weit hervor.
Ich bin ein großer Sänger
im abendlichen Chor. (Frosch)

*

Es hat ein rotes Kleidchen an
und viele schwarze Pünktchen dran.
(Marienkäfer)

*

Wen mag ich wohl meinen?
's ist ein brauner Bursch
mit sechs Beinen,
zwei Hörner auf dem Kopf,
am Ende einen Zopf,
kann kriechen,
kann fliegen;
frißt manches Blatt,
eh' er wird satt. (Maikäfer)

*

Wer fliegt und hüpft
von Ast zu Ästchen,
fängt Mücken und Fliegen
und baut sich ein Nestchen? (Vögel)

*

Eine kleine Künstlerin
fliegt bis zu den Wolken hin,
baut ein wunderbares Nest,
klebt es an der Mauer fest. (Schwalbe)

*

Es ist ein Pferdchen,
doch trägt's keinen Reiter.
Du kannst es kaum fangen,
es hüpft zu schnell weiter. (Heupferdchen)

Fingerspiele

Das Blumenbeet

Hab' ein Beet im Garten mein,
hack' es fleißig über,
streu' die winz'gen Körnlein ein,
dicke Erde drüber.

Geht die runde Sonne auf,
scheint in Gottes Namen.
Regentropfen fallen drauf,
weichen bald die Samen auf.

Da erwacht das Pflänzchen gleich,
streckt die Wurzeln runter,
reckt das Köpfchen in die Höh,
guckt hervor ganz munter.

Immer höher wird es noch,
Sonnenstrahlen glühen,
bis die Knospen eines Tags
wundervoll erblühen.

*

Schaut ein Knöspchen aus der Erde,
ob es wieder Frühling werde.
Sonne warm am Himmel scheint,
Regen übers Knöspchen weint.
Knöspchen wächst ein ganzes Stück,
Knöspchen wird bald rund und dick.
Seine Blätter öffnet's dann,
fröhlich fängt's zu blühen an.

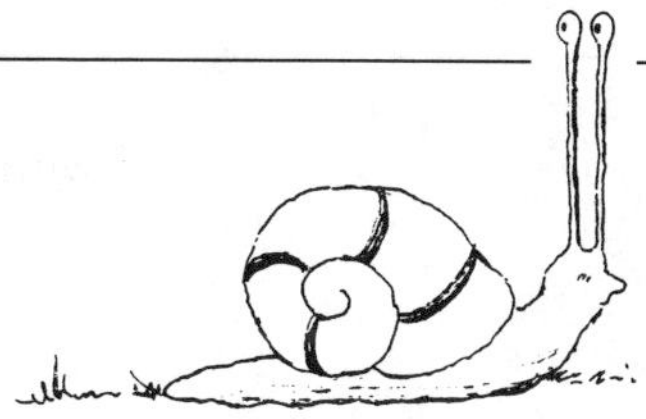

In unserm Garten kriecht eine Schnecke
und kommt ganz langsam nur vom Flecke.
Sie hat die Fühler ausgestreckt,
o weh, jetzt hat sie mich entdeckt!
Sie zieht vor Schreck die Fühler ein
und kriecht ins Schneckenhaus hinein.

Der Käfer

Ein Käfer fängt zu klettern an.
Er steigt, so weit er steigen kann,
an einem Grashalm hoch hinauf
und hält erst oben ein im Lauf.

Nun steht er wie auf einem Turm.

Da bläst ein arger Wirbelsturm.
Der Halm schwankt hin –
der Halm schwankt her,
er beugt sich tief, er biegt sich sehr.

Der Käfer sich am Grashalm hält,
damit er nicht hinunterfällt.
Da bläst noch mehr der tolle Wind
und wirft ihn doch hinab geschwind.

Ihr meint, jetzt tat er sich sehr weh?
O nein, er guckt nur in die Höh'
und lacht und rappelt sich schnell auf
und steigt am nächsten Halm hinauf.

Elfriede Pausewang

Aus:
E. Pausewang,
„Die Unzertrenn-
lichen" –
Neue Fingerspiele,
Teil 2
Don Bosco Verlag,
München
(22. Aufl. 1990,
den Text S. 19)

'S geht a Schneckle

Anmerkungen
Eigene Ideen
Notizen

Reim mit Xylophon-Begleitung

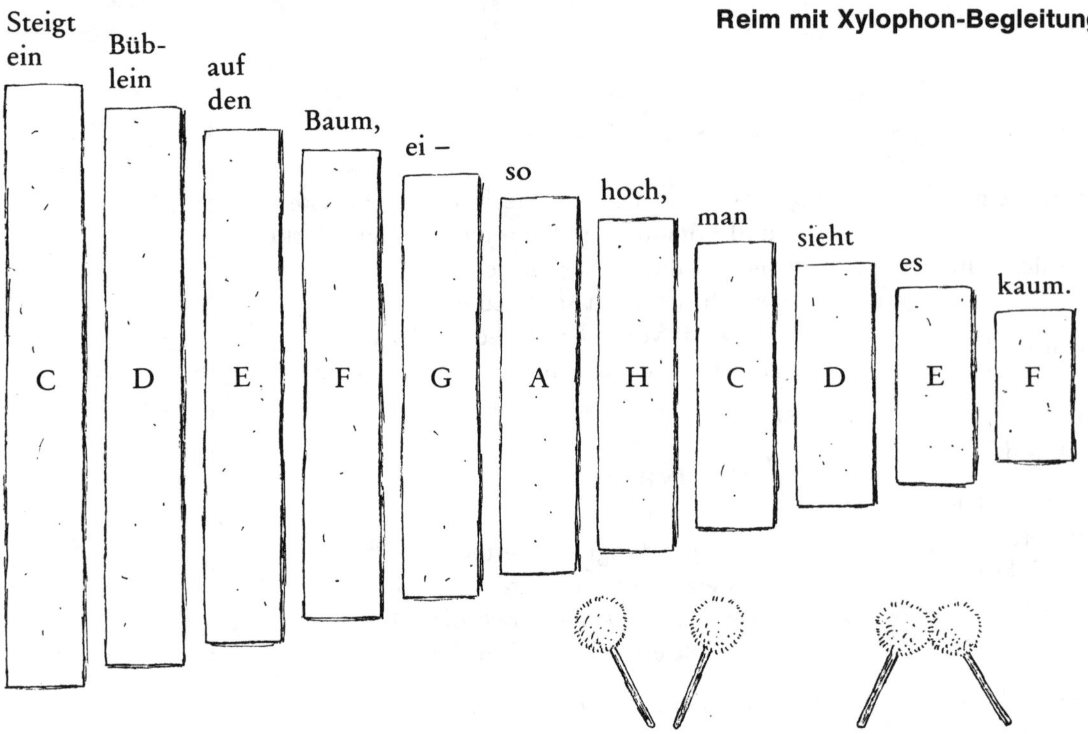

Hüpft von Ast zu Ästchen, bis zum Vogelnestchen.
Ui! Da lacht es.
Hui! Da kracht es.
Plumps, da liegt es drunten.
Mutter hat's verbunden!

Glissando von F nach C

Lieder

Nicht lange mehr ist Winter

Anmerkungen
Eigene Ideen
Notizen

Gartenarbeit

Worte: Rudolf Otto Wiemer / Weise: Klaus Doldinger

2. Heute wolln wir Zwiebeln stecken,
Zwie, Zwa, Zwiebeln stecken.
Wenn sie etwas taugen,
tränen uns die Augen.

3. Heute wolln wir Rotkohl pflanzen,
Ri, Ra, Rotkohl pflanzen.
Hat er feste Köpfe,
kommt er in die Töpfe.

4. Heute wolln wir Häuschen bauen,
Hi, Ha, Häuschen bauen.
Rote Feuerbohnen,
wer soll darin wohnen?

5. Heute wolln wir Disteln jäten,
Di, Da, Disteln jäten.
Autsch! Die spitzen Dinger
stechen in die Finger.

6. Heute wolln wir Blumen pflücken,
Bli, Bla, Blumen pflücken.
Bunte Kränze binden:
Hörnerklee und Winden.

7. Wolln wir nicht auch Eier stecken,
I, A, Eier stecken?
Los! Wenn wir's versuchen,
wachsen Pfannekuchen!

Summ, summ, summ

Text: Hoffmann von Fallersleben (1843) /
Melodie: Volksweise (19. Jahrhundert)

2. Summ, summ, summ, Bienchen, summ herum!
Such in Blumen, such in Blümchen
dir ein Tröpfchen, dir ein Krümchen!
Summ, summ, summ, Bienchen, summ herum!

Anmerkungen
Eigene Ideen
Notizen

Hei lustig!

2. Die Vögelein singen; die Knospen aufspringen.
   Der Himmel ist blau, und grün ist die Au.
3. Hei lustig, ihr Kinder! Vorbei ist der Winter,
   und fort ist der Schnee. Herr Winter, ade!

Kreisspiele

Ich war einmal ein Engerling (Der Maikäfer)

Text: Josef Guggenmos
Melodie: Rudolf Nykrin

Im Anschluß an das Lied auf stimmhaftem „s" singend „surren".

So wird gespielt:
Die Kinder stehen oder sitzen im Kreis. Ein Kind sitzt als „Engerling" in der Mitte und spielt den Inhalt des Liedes. Bei „Jetzt fliege ich als ..." fliegt der „Maikäfer" um ein Kind herum – dieses darf jetzt weiterspielen.

Erst kommt der Sonnenkäferpapa

2. Sie haben rote Röcklein an,
mit vielen schwarzen Knöpfen dran.
Sie machen ihren Sonntagsgang
auf unsrer Gartenbank entlang.
Sie machen ihren Sonntagsgang
auf unsrer Gartenbank entlang.

3. Sie schauen nach dem Wetter aus,
da wird gewiß ein Gewitter draus.
Erst schaut Papa, dann schaut Mama,
dann schaut die ganze Kinderschar.
Erst schaut Papa, dann schaut Mama,
dann schaut die ganze Kinderschar.

4. Jetzt wolln sie auf die Wiese gehn
und all die schönen Blumen sehn.
Sie tanzen lustig Ringelreihn –
zuerst allein und dann zu zwein.
Sie tanzen lustig Ringelreihn –
zuerst allein und dann zu zwein.

5. Nun muß das Spiel zu Ende sein,
denn müde sind die Käferlein.
Sie breiten ihre Flügel aus und
fliegen alle schnell nach Haus.
Sie breiten ihre Flügel aus und
fliegen alle schnell nach Haus.

Anmerkungen
Eigene Ideen
Notizen

Manuelles Gestalten

Malen

Fensterbild:
Wir malen auf unser Gruppenfenster mit Fingerfarben eine bunte Wiese mit Schmetterlingen, Bienen, Käfern ...

Naß in naß:
Wir malen mit Wasserfarben einen großen, bunten Schmetterling naß in naß.

Wandbild:
Wir malen mit Wasserfarben auf ein Leinentuch. Das Thema kann man nach einem Bilderbuch wählen.

Gemeinschaftsarbeit – Wiese:
Wir malen mit Wachsfarben Blumen, Käfer, Raupen, Schmetterlinge usw. auf Papier, schneiden sie aus und kleben sie auf ein großes Blatt.

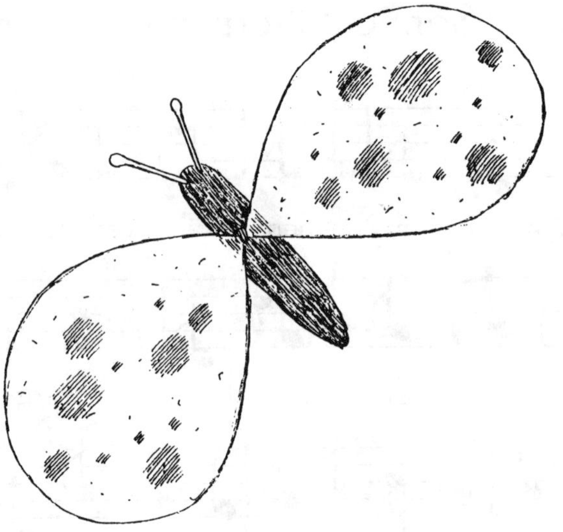

Blas-Puste-Technik

Wir tropfen Wasserfarben auf ein Blatt Papier und verblasen diese zu Blumen.

Basteln

Aus Pappscheiben oder Rollen gestalten wir eine kleine dicke Raupe.

Falten

Wir falten Tulpenblüten, kleben sie auf Papier und malen den Stiel und die Blätter dazu oder schneiden sie aus Papier und kleben sie auf das Blatt.

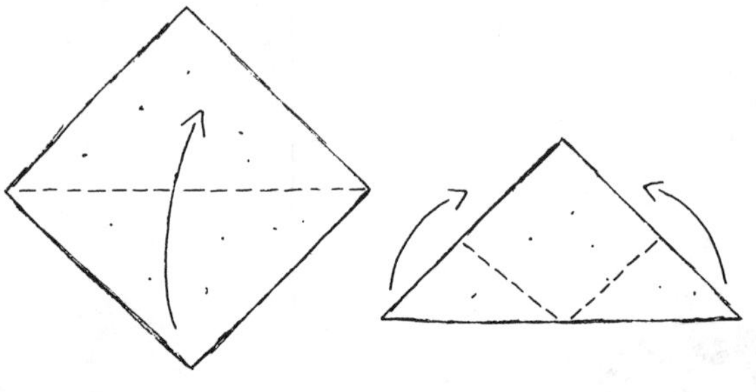

Schmetterlinge

Aus Peddigrohr formen wir die Flügel eines Schmetterlings, binden sie zusammen und kleben sie mit Transparentpapier aus. Nun noch aus Tonpapier Körper und Fühler ankleben. – Die Schmetterlinge, an einem Faden von der Decke herabhängend, sind ein wirkungsvoller Raumschmuck.

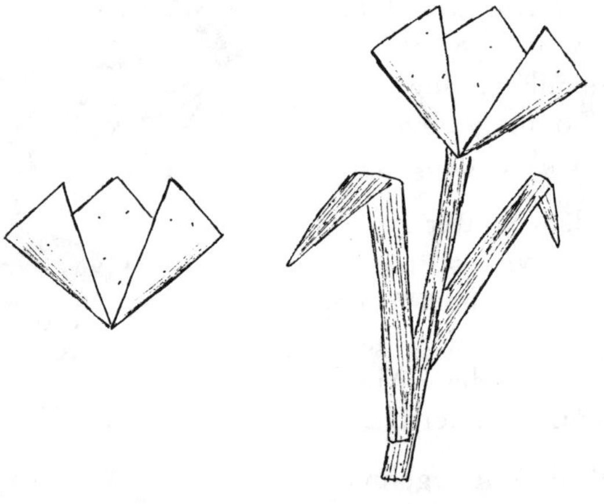

Modellieren

Schnecke: Aus Knetmasse modellieren wir eine Schnecke mit Haus.

Reißen und Kleben

Marienkäfer:
Aus rotem und schwarzem Glanzpapier reißen wir einen Marienkäfer und kleben ihn auf ein, mit grüner Wasserfarbe, angemaltes Blatt.

Bemalen

Steine:
Wir bemalen Kieselsteine mit Plakafarben so, daß sie wie Käfer aussehen.

Anmerkungen
Eigene Ideen
Notizen

Spielturnen

Eingebaut in die wöchentliche **Turnstunde:**

Spiel: „Alle Vögel fliegen fort"
Im Raum sind so viele Reifen verteilt, wie Kinder anwesend sind. Jedes Kind setzt sich in einen Reifen. Wenn man ruft: „Alle Vögel fliegen fort!", fliegen alle „Vögel" (Kinder) aus ihren „Nestern" (Reifen) heraus und im Raum herum. Inzwischen wird ein Reif weggenommen.

Wenn man nun ruft: „Alle Vögel suchen sich ein Nest!", fliegt jeder Vogel in ein Nest zurück. Das Kind, das nun kein Nest mehr findet, scheidet aus. Es darf nun helfen, den nächsten Reifen wegzunehmen. Das Spiel wird nun so lange fortgeführt, bis nur noch ein Vogel im Nest übrigbleibt.

Kreisspiele: „Ich war einmal ein Engerling", siehe Seite 26.

Wir spielen Wiese:
Das Wachsen der Blumen – sich erst klein am Boden zusammenkauern, dann immer größer werden, die Arme aneinandergelegt in die Höhe strecken, jetzt Arme nach beiden Seiten ausstrecken (Blüte öffnet sich) ...
Blumen bewegen sich im Frühlingswind hin und her – schaukeln. Die geöffneten Blumenkelche locken Bienen, Hummeln, Schmetterlinge ... an. Diese fliegen um die Blumen herum, versuchen vom Blütenstaub ..., Frösche hüpfen und Raupen krabbeln herum ... Am Abend schließen sich die Blumenkelche – alles auf der Wiese schläft.

Religiöse Erziehung

Der Frühling ist die Jahreszeit, in der wir den Kindern die Schöpfung Gottes am besten nahebringen können.
Das Wiedererwachen der Natur, die ersten Blumen, das Aufbrechen der ersten Knospen, die ersten Schmetterlinge bieten sich zum Staunen an, zur Achtung vor dem Leben.

Bücher für den Erzieher:

„Leben im Jahreskreis"
Frühling und Sommer im Kindergarten
von Wolfgang Longardt. Verlag Herder

„Deine Welt ist meine Welt"
von Rolf Krenzer. Verlag Herder

Sachbilderbuch:

„Von der Schöpfung"
Dietrich Steinwede / Fulvio Testa. Verlag Kaufmann / Patmos

„Das Buch der Schöpfung"
von Max Bolliger / Georges Lemoine. Verlag Herder

Bilderbücher:

„Deine Schöpfung – meine Welt"
von R. Schindler / H. Heyduck-Huth. Verlag Kaufmann

„Schöpfung"
von Masahiro Kasuya. Wittig Verlag

„Der Riese Gaspar"
von Allison Reed / Kurt Baumann. boheme press

„Noahs Arche"
von Jane Ray. Verlag Herder

Anmerkungen
Eigene Ideen
Notizen

Aus:
RPA, Heft 1, 1981
RPA-Verlag,
Religionspäd.
Arbeitshilfen GmbH,
Landshut

Lied von der Blumenzwiebel

Text und Melodie: Franz Kett

2. In unsrer braunen Zwiebel
lebt eine Blume schön.
Wenn ich die Augen schließe,
kann ich die Blume sehn.

3. Auf einem grünen Stengel
sitzt wie auf einem Thron
die wunderschöne Blüte;
jetzt öffnet sie sich schon.

4. Es leuchten ihre Farben;
sie duftet süß und fein.
Sie trinkt mit ihren Blättern
den warmen Sonnenschein.

5. Die Zwiebel kommt in Erde,
es fängt das Wunder an;
sie schlägt dort Wurzeln, Triebe,
durchbricht die Erde dann.

6. Sie wächst in warmer Sonne,
trinkt aus der Erde Kraft.
Sie wächst und sie gedeihet
und zeigt uns ihre Pracht.

Die Sternlein

Wort: W. Hey – Volksweise

2. Weißt du, wieviel Mücklein spielen in der heißen Sonnenglut?
Wieviel Fischlein auch sich kühlen in der hellen Wasserflut?
Gott, der Herr, rief sie mit Namen, daß sie all ins Leben kamen,
|: daß sie nun so fröhlich sind :|

3. Weißt du, wieviel Kinder frühe stehn aus ihrem Bettlein auf,
daß sie ohne Sorg' und Mühe fröhlich sind im Tageslauf?
Gott im Himmel hat an allen seine Lust, sein Wohlgefallen,
|: kennt auch dich und hat dich lieb :|

Anmerkungen
Eigene Ideen
Notizen

Ostern

Gespräche

- Palmsonntag begehen wir am Sonntag vor Ostern. Man feiert den Einzug Jesu in Jerusalem. Er wird vielerorts mit einer Prozession und dem Einzug mit „Palmen" in die Kirche, wo diese geweiht werden, gefeiert.
  „Palmen" sind mit Buchs oder Stechpalmen, mit bunten Bändern und Eiern geschmückte Stäbe, die überwiegend von Kindern getragen werden.
- Ostern ist das älteste und größte Fest der christlichen Kirche.
  Es geht auf das jüdische Passahfest zurück und wird am ersten Sonntag nach dem ersten Frühlingsvollmond gefeiert. Es ist das Fest der Auferstehung Jesu Christi.
  Über den Ursprung des Namens „Ostern" gibt es unterschiedliche Auslegungen. Einerseits soll er auf die Frühlingsgöttin Ostara zurückgehen, der zu Ehren Fruchtbarkeitsriten durchgeführt wurden, andererseits soll er dem angelsächsischen Begriff „eostron" entlehnt sein, mit dem die Morgenröte umschrieben wird, mit der die Nacht vor Ostern endet.

Information für den Erzieher.

- Osterfeuer sind ein germanischer Brauch zu Ehren ihrer Lichtgöttin. Dieser Brauch wurde von der Kirche übernommen. Am Osterfeuer wird in der Osternacht die Osterkerze entzündet.
- Die Osterkerze ist eine große, mit einem Kreuz, der Jahreszahl und dem griechischen A und Ω verzierte Kerze, deren Licht das Symbol für das neue Leben ist.
- Gefärbte Ostereier sind ein Brauch, den bereits die Ägypter und Perser vor 5000 Jahren anläßlich ihrer Frühlingsfeste pflegten. Auch die Germanen brachten ihrer Frühlingsgöttin außer Märzhasen bemalte Eier als Opfergabe dar. Das Ei war für sie Symbol der Fruchtbarkeit und des neuen Auflebens der Natur.
  Von der christlichen Kirche wurde das Ei als Symbol für die Auferstehung Christi und des neuen Lebens übernommen. In der Fastenzeit, die Ostern vorausgeht, war es früher den Katholiken verboten, Fleisch, Milchprodukte und Eier zu verzehren. Somit dominierten auch die Eier bei der Speiseweihe am Ostersonntag. Um sie von ungeweihten unterscheiden zu können, wurden sie rot eingefärbt. Vom 17. Jahrhundert an präsentierte sich das Ei auch mit kunstvollen Ornamenten, gegenständlichen Bildern und figürlichen Darstellungen. Man bemalte auch Eier aus Stein, Ton, Porzellan, Glas und Wachs. Ebenfalls wurden Eier mit Perlen und Edelsteinen verziert.
  Das Eiersuchen am Morgen des Ostersonntags ist ein beliebter Brauch.
- Der Osterhase hat wahrscheinlich seinen Ursprung darin, daß man den besonders fruchtbaren Hasen mit dem Ei, dem Symbol der Fruchtbarkeit, in Verbindung brachte, und so entstand vermutlich die Legende vom eierlegenden Osterhasen. Je nach Gegend brachte jedoch nicht nur der Hase, sondern auch der Hahn, der Storch, der Fuchs oder der Kuckuck die Eier.

Backen

Ostereier

Zutaten für die Grundmasse:
100 g Weizen
130 g Nackthafer
200 g Honig
100 g Haselnuß- oder Erdnußmus
½ Teel. Zimt
½ Teel. gemahlene Vanille
100 g Haselnüsse

Zubereitung:
Den Weizen und den Nackthafer auf einem Backblech 1 Stunde lang bei 80 °C im Backofen rösten. Abkühlen lassen und mehlfein mahlen.
Den Honig mit dem Haselnuß- oder Erdnußmus, dem Zimt und der Vanille verrühren. Die Haselnüsse fein reiben und beifügen.
Zum Schluß das Vollkornmehl darunterkneten. Den Teig 2 Tage ruhen lassen, damit das Getreide ausquillt.
Danach Ostereier formen. Die Schokoladeneier in Kakao, die Fruchteier in den Nüssen wälzen. Auf dem Tortengitter einige Tage trocknen.

Anmerkungen
Eigene Ideen
Notizen

Rübchenkuchen

8 große Eier
400 g geriebene Karotten
250 g Zucker
400 g geschälte, geriebene Mandeln
80 g Mehl
Saft und Schale einer Zitrone (ungespritzt)
1 Prise Nelkenpulver
1 Prise Salz
etwas Muskat

Zubereitung:
Zucker und Eigelb schaumig schlagen und mit den übrigen Zutaten vermengen. Eiweiß wird steif geschlagen und zum Schluß untergezogen.
Teig in eine gut gefettete Springform füllen. Im vorgeheizten Backofen etwa 1 Stunde bei 180 °C, im Heißluftherd bei 160 °C ausbacken.
Sinnvoll ist es, ihn 3 Tage vor Gebrauch zuzubereiten, damit er gut durchziehen kann. Mit frisch geschlagener Sahne und Marzipanrübchen verziert, wird er auch zum Augenschmaus.

Kleine Osterhasen

600 g Weizenvollkornmehl
1 gestrichener Tl. Backpulver
180 g Haselnüsse
220 g Honig
2 MS Vanille
2 Eier
1 Prise Vollmeersalz
250 g Butter
1 Osterhasen-Ausstechform

Zubereitung:
Das frisch gemahlene Weizenvollkornmehl mit dem Backpulver und den geriebenen Haselnüssen in einer Schüssel mischen, eine Vertiefung drücken und darin den Honig, die Eier, Vanille und Vollmeersalz verrühren. Die kalte Butter darüberschneiden und alles rasch zusammenkneten. Den Teig 1 Stunde ruhen lassen.
In kleinen Partien auf einer leicht bemehlten Arbeitsfläche auswalken, mit der Hasenform ausstechen und auf das Blech legen.
Bei 190° ca. 10–15 Minuten, mittlere Schiene, backen.
Die Menge ergibt ca. 50 Häschen, 3 Bleche.

Buttermilchbrot
60 g Hefe
1 Pr. Zucker
½ Tasse lauwarmes Wasser
700 g Weizenmehl Typ 550
300 g Roggenmehl Typ 1370
¼ l lauwarmes Wasser
½ l lauwarme Buttermilch
2 El. Salz
Mehl zum Bestäuben,
Fett für die Kastenform
1 Tasse heißes Wasser

Zubereitung:
Die Hefe zerbröckeln und mit dem Zucker in der Tasse Wasser auflösen. Das Mehl mischen und in eine Schüssel sieben, in der Mitte eine Vertiefung eindrücken, die aufgelöste Hefe hineingießen und von der Mitte aus mit Mehl vermengen. Unter ständigem Kneten Wasser, Buttermilch und Salz zugeben. Den Teig durcharbeiten, bis er sich von der Schüssel löst, herausnehmen, mit Mehl bestäuben und einen Kloß formen. In die mit Mehl bestäubte Schüssel legen, zudecken und warm gestellt 30 bis 40 Min. gehen lassen.
Den Teig, wenn er sich verdoppelt hat, auf eine bemehlte Arbeitsfläche heben, kurz durchkneten und eine kastenformlange Rolle wirken. Die Kastenform ausfetten, mehlen und die Teigrolle mit dem Schluß nach unten hineinlegen. Mit Mehl bestäuben und mit einem scharfen Messer einmal längs einschneiden, zudecken, ca. 15 Min. ruhen lassen.
In den vorgeheizten Ofen – untere Schiene – schieben, die Tasse Wasser dazu stellen oder vorsichtig auf die Bodenplatte gießen.
Ungefähr 100 Min. backen. Nach etwa 15 Min. die Ofenklappe öffnen, damit der Schwaden entweichen kann. Das Brot ist gar, wenn der Schnitt braun ist und es beim Anklopfen des Bodens hohl klingt.
Backtemperatur: 180 Grad

Osterzopf

Teig:
500 g Mehl
40 g Hefe
knapp ¼ l lauwarme Milch
100 g Zucker
1 P. Vanillezucker
1 Prise Salz
1 Ei
150 g kernlose Rosinen
50 g Orangeat
Außerdem:
Margarine zum Einfetten
5 ausgeblasene Eier
Butter zum Bestreichen
5 hartgekochte Eier (buntgefärbt)

Zubereitung:
Für den Teig Mehl in eine Schüssel geben.
In die Mitte eine Mulde drücken.
Mit Milch, etwas Zucker und etwas Mehl die Hefe einbröckeln – zum Vorteig verrühren.
Mit Mehl bestäuben. An einem warmen Ort erst zugedeckt 15 Min. gehen lassen.
Dann den restl. Zucker, Vanillezucker, Salz, Ei und die geschmolzene Butter dazugeben.
Alles zu einem festen Teig kneten. Rosinen in heißem Wasser waschen. Auf einem Sieb abtropfen lassen. Dann mit einem Küchentuch trockenreiben.
Orangeat fein hacken.
Rosinen und Orangeat unter den Teig kneten. Teig solange schlagen, bis er Blasen wirft und sich vom Schüsselrand löst. Zugedeckt noch mal 30 Min. gehen lassen.
Teig auf einem bemehlten Backbrett oder der Arbeitsplatte zu zwei Rollen von etwa 5 cm ∅ formen und zu einem Zopf wickeln.
Backblech mit Margarine einfetten. Zopf auf dem Blech zu einem Kranz schließen. Ausgeblasene Eier in die Zopföffnungen drücken.
Mit einem Küchentuch bedeckt noch mal 15 Min. gehen lassen. Mit zerlassener Butter bestreichen. Auf die mittlere Schiene in den vorgeheizten Ofen schieben. Backzeit: 45 Min. bei 200 Grad
Zopf aus dem Ofen nehmen und auf eine runde Kuchenplatte geben. Die ausgeblasenen Eier gegen die gefärbten Eier austauschen.

Variante: Auch in Griechenland kennt man die Sitte, am Ostermorgen einen Osterzopf mit einem hartgekochten Ei zu servieren.
Hierfür wird Hefeteig zu einem Strang von 5 cm ∅ und 60 cm Länge geformt. Aus dem Strang einen Kranz von 15 cm ∅ aufs Blech legen und spiralenförmig einen immer kleiner werdenden Kreis legen. In die Mitte kommt eine leere Eierschale, die nach dem Backen durch ein buntgefärbtes Ei ersetzt wird.

Bilderbücher

„Der Hasenfranz"
von Ursel Scheffler / Martina Schloßmacher. Ravensburger

„Huhn und Häschen und die Farben"
von Hanne Türk. Ravensburger

„Der Hase mit der roten Nase"
von Helme Heine. Verlag Middelhauve

„1:0 für Ralf"
von Hans Wilhelm. Ravensburger

„Eiderdaus und Dotterwetter"
von Marie-France Jouannel / Manfred Mai. Verlag Herder

„Das schönste Ei der Welt"
von Helme Heine. Verlag Middelhauve

„Der Superhase"
von Helme Heine. Verlag Middelhauve

„Kleine Schwester Kaninchen"
von Ulf Nilsson / Eva Eriksson. Verlag Oetinger

„Mutter Henne"
von Lilian McCrea / Edda Reinl. Textfassung Hans Gärtner. Neugebauer Press

„Lauf, Häschen lauf!"
von Ron Maris / Deutsch von Friedrich Langreuter. Verlag ars edition

„Gackitas Ei"
von Antonella Bollinger-Savelli / Elisabeth Stiemert. Parabel Verlag

„Der Osterhase"
von Agnes Mathiau / Winfried Wolf. Ravensburger

„Ich bin schon ein großer Hase"
von Frieder Schmidt. Verlag Gerstenberg

„Im Kaninchengarten"
von Leo Lionni. Verlag Middelhauve

„Die Henne und das Ei"
von Iela und Enzo Mari. Verlag Ellermann

„Krähverbot für Kasimir"
von Ursel Scheffler / Silke Brix-Henker. Anette Betz Verlag

„Das Huhn und sein Küken"
von George Bernard / Peter Parks. Arena Verlag

„Mein erstes Osterbuch"
von Gabriele Klodt-Rodorf. Patmos Verlag

„Heute wird gefeiert"
von Jutta Timm / Ursel Scheffler. Ravensburger

Bücher für den Erzieher

„Mit Kindern Ostern entgegen"
von Gertrud Lorenz. Verlag Herder

„Ostern mit Kindern vorbereiten"
von Maria Karin Krüppel. Verlag Herder

„Glauben erlebbar machen"
von Rolf Krenzer. Verlag Herder

„Religion im Kindergarten"
von Hermine König. Kösel Verlag

„Die Osterzeit im Kindergarten"
von Rolf Krenzer. Verlag Kaufmann

„Frühling im Kindergarten"
von Barbara Cratzius. Verlag Herder

„Osterzeit – Dekorativer Papierschmuck". Christophorus Verlag / Brunnen-Reihe

Frühlingsbunter Osterschmuck aus Tonpapier". Christophorus Verlag / Brunnen-Reihe

„Ostereier mit Naturfarben verziert & dekoriert". Christophorus Verlag / Brunnen-Reihe

Geschichten

Zwieselchen und der Osterhase

Ostern kam immer näher. Beim Konditor Brumm gab es schon Osterhasen, große und kleine, aus Marzipan, Schokolade und Zukker; gelbe Küken, die aus Schokoladeneiern auskrochen, und dazu Eier aus allen möglichen guten Sachen. Im Kindergarten wurde sehr viel von Ostern gesprochen; es wurden Hasenspiele gespielt und Hasenlieder gesungen, ‚Häschen in der Grube' und ‚Gestern abend ging ich aus' und ‚Lütt Matten, de Has'. Alles erinnerte das Zwieselchen an Ostern. Wenn das Wetter schön war, dann war der Kindergarten nicht nur im Zimmer, sondern die Tante Montessori ging mit den Kindern in den Wald; da durften sie im weißen Sand buddeln, der gleich hinter den Häusern unter den Kiefern anfängt. Aber das Zwieselchen hatte es lieber, wenn weiter in den Wald hineinspaziert wurde; und weil der Sand zum Buddeln noch zu feucht war, so gingen sie heute an der Sandstelle vorüber und ein Stück am See entlang und zu dem Bach, wo es richtige Laubbäume gibt und dichtes Unterholz und Gestrüpp und wo

man im Herbst Brombeeren pflücken kann. Am Bach, wo es dicke Eichen gibt und Büsche und Sträucher, an denen jetzt schon die goldgelben Kätzchen hingen, da kann man sich schön verstecken.
Darum sagte Bibi: „Tante Montessori, laß uns doch Versteck spielen!“ Die andern Kinder wollten das auch gern, und die Tante Montessori erlaubte es. Zuerst versteckte sich Bibi, aber seine rote Baskenmütze leuchtete in der Sonne zwischen den Büschen hervor, und darum wurde er schnell gefunden. Das Zwieselchen wollte sich besser verstekken und schlich sich ganz leise und vorsichtig durch die Haselsträucher fort, bis dahin, wo der Wald so dicht ist, daß einen keiner sehen kann. Da blieb das Zwieselchen an der großen Eiche stehen und rührte sich nicht, damit es niemand hören sollte.
Und es war gut, daß das Zwieselchen so mäuschenstill war, denn sonst wäre das nicht geschehen, was ich euch gleich erzählen will. Nämlich plötzlich war es dem Zwieselchen, als hätte es dicht in seiner Nähe ein ganz leises Geraschel gehört. Es drehte den Kopf vorsichtig zur Seite, und da sah es, daß sich zwischen den Sträuchern etwas bewegte.
Das Zwieselchen hielt den Atem an vor Aufregung, und das Herz klopfte ihm wie ein Specht, der immerzu in einen Kiefernstamm hackt. Denn was da gelegen hatte und sich jetzt aufsetzte und den Kopf mit den langen, langen Ohren emporhob, das war, – ja, also ihr habt richtig geraten: natürlich war es ein Hase, was denn sonst? Ein großer Hase, ein alter Hase mit einem weißen Schnurrbart und einem graubraunen Pelz mit weißen und rötlichen Stellen, und mitten auf der Stirn hatte er einen sternförmigen weißen Fleck. Er sah sich ein bißchen um, und er blinzelte gegen die Sonne mit seinen großen, freundlichen Augen.
„Osterhase! Lieber Osterhase!“ schrie das Zwieselchen und wollte mit ausgebreiteten Armen auf ihn zulaufen. Aber da zuckte der Hase zusammen und machte einen großen Satz, und da war er auch schon zwischen den Büschen verschwunden. Das Zwieselchen rannte ihm nach, aber weil ja die Hasen so sehr schnell laufen, so konnte es ihn natürlich nicht einholen. Aber es sah ihn doch noch einmal, denn hinter den Büschen war ein kleiner, freier Platz, und da blieb der Hase stehen und drehte sich um. Er stellte sich auf die Hinterbeine, wie ein Hund, der um einen Knochen bettelt, und streckte die Vorderpfoten sehr freundlich aus, und so ging er dem Zwieselchen ein paar Schritte entgegen. Dabei sagte er etwas, aber das konnte das Zwieselchen nicht recht verstehen; es klang wie „äh-hä-hä-äh ...“
„Osterhase! Osterhase!“ rief das Zwieselchen, aber der Hase war schon zu weit fort, als daß er das noch hätte hören können.
Da stand nun das Zwieselchen und konnte kaum Luft kriegen, so schnell war es gelaufen und so laut hatte es gerufen, und es hatte ihm alles doch nichts genützt, denn der Osterhase war fort. Das tat dem Zwieselchen natürlich sehr leid, aber traurig sein konnte es nicht, dazu freute es sich viel zu sehr, daß es den Osterhasen gesehen hatte. Nun wußte Zwieselchen, wo der Osterhase wohnte, darum kehrte es jetzt um und sah sich das Nest an, in dem der Osterhase gelegen hatte. Es war eine Vertiefung im Boden, darin lagen welke, braune Eichenblätter vom vorigen Jahr, und als das Zwieselchen hinfaßte, da fühlten sie sich noch ganz warm an, weil der Osterhase so lange auf ihnen gelegen hatte. Eier aber lagen keine drin, und das

Anmerkungen
Eigene Ideen
Notizen

war in der Ordnung, denn bis Ostern waren es ja noch viele Tage, und der Osterhase bringt ja nur frische Eier, da konnte er sie nicht schon jetzt gelegt haben. Als das Zwieselchen noch am Hasennest stand, da hörte es plötzlich hinter sich etwas schnaufen und keuchen und klingeln, die Blätter rauschten, und die Zweige knackten, und als das Zwieselchen sich umdrehte, da sah es einen großen, braun und weiß gefleckten Hund. Er kam sehr schnell angerannt, seine Augen funkelten, und die lange rote Zunge hing ihm weit aus dem Maul heraus. Dazwischen schnupperte der Hund im Laufen am Boden und rannte genau in der Richtung, in der sich der Hase davongemacht hatte. „Hund! Du! Halt!“ schrie das Zwieselchen, aber der Hund hörte nicht, sondern schoß am Zwieselchen vorbei und weiter in den Wald. Das Zwieselchen war voll Angst und Sorge um den Osterhasen, aber es war so gescheit, daß es nicht anfing zu weinen, sondern daß es etwas viel Besseres tat. Wenn das Zwieselchen in den Kindergarten ging, dann hängte die Mutter ihm die braune lederne Frühstückstasche um, die es von den Großeltern zum Geburtstag bekommen hatte, und da wurde ihm jeden Tag ein Apfel und ein Butterbrot hineingetan. Den Apfel hatte das Zwieselchen heute schon gegessen, aber das Butterbrot war noch drin, das riß Zwieselchen flink heraus, warf es dem Hund nach und schrie: „Da, da! Das ist für dich! Und Leberwurst ist drauf!“ Kaum hatte der Hund herausgeschnüffelt, was für ein guter Bissen zwischen den Sträuchern lag, da sprang er schnell hin, beschnupperte das eingewickelte Wurstbrot und fing an, mit Pfoten und Zähnen an dem Papier herumzuzerren. Als er endlich das Papier abgemacht hatte, da legte er sich hin und fraß das Brot auf, und unterdessen war der Hase natürlich schon so weit, daß es gar keinen Sinn gehabt hätte, ihm noch länger nachzurennen. Außerdem wurde jetzt in der Nähe gepfiffen, und eine Stimme rief: „Hasso! Has-so! Hierher!“ Hasso sprang auf und lief schnell zum Zwieselchen und bedankte sich, indem er ihm ein bißchen an den Stiefeln herumschnupperte und dazu mit dem Schwanz wedelte. Gleich darauf fing aber sein Herr wieder an zu pfeifen und zu rufen, und Hasso rannte mit großen Sprüngen davon. Das Zwieselchen kehrte jetzt zu den anderen Kindern zurück, die noch immer Versteck spielten.

„Nanu, was ist denn mit dir los?“ fragte Tante Montessori. „Du hast ja ganz rote Backen vor Aufregung!

Und wie vergnügte Augen du machst!“ „Ach, das ist nichts Besonderes, ich habe mich nur ein bißchen gefreut“, sagte das Zwieselchen. Aber worüber es sich gefreut hatte, das mochte es nicht verraten.

Werner Bergengruen / Rolf Rettich

Männe und Mätzchen

Einmal saß eine Hasenmutter am Eingang ihrer Höhle. Zwei kleine Hasen kuschelten sich an ihre Seite.

„Ich gehe jetzt fort und hole Löwenzahn“, sagte sie. „Mittags bin ich wieder da. Bleibt nur hier in der Nähe. Habt ihr verstanden?“

Männe und Mätzchen wackelten mit den Ohren. Das bedeutete „Ja“. Langsam hoppelte die Mutter davon. Die beiden Häschen blinzelten in die Morgensonne. Unzählige Gräser wogten vor ihnen auf und ab. Eifrig begannen sie zu äsen. Ehe sie sich versahen, waren sie am Ende der Wiese angelangt. Auf einmal tat sich vor ihnen eine Grube auf.

„Hu, wie tief“, rief Männe, der ältere von beiden. „Wozu ist die Grube hier?“ Der Jüngere wußte Bescheid. „Darin bewahren die Menschen ihre Maiskolben auf. Schade, jetzt haben sie alle herausgeholt. Nein, zwei Maiskolben sind noch drin. Da, in der Ecke!“

Tatsächlich, da lagen noch zwei knallgelbe Maiskolben.

„Die holen wir uns“, rief Mätzchen. Mit einem Satz war er unten. Er packte einen Kolben mit den Zähnen und kletterte mühsam an der schrägen Wand hoch.

„Jetzt bist du dran“, sagte er zu Männe, als er oben angelangt war.

„Aber die Mutter erlaubt das sicher nicht“, meinte Männe.

„Ach, du Angsthase“, rief Mätzchen.

Das hörte Männe nicht gerne. Er kniff die Augen zu und, husch!, saß er unten. Gerade hatte er den zweiten Maiskolben gefaßt, da erhob sich ein gewaltiges Geschrei. Mehrere

Aus:
A. Müller-Tannewitz
„Männe und
Mätzchen“,
Leselöwen –
Hasengeschichten.
1977 by
Loewes Verlag,
Bindlach

Kinder beugten sich über den Rand der Grube. „Ein Hase, ein Hase“, riefen sie. Ein Junge sprang hinunter. Männe rannte von einer Ecke in die andere. Der Junge griff ein paar Mal daneben, aber dann hatte er ihn. Er reichte den kleinen Hasen nach oben. Unzählige Hände griffen nach ihm. Er wurde bei den Ohren, am Fell und an den Pfoten festgehalten. Es tat scheußlich weh, besonders an den Löffeln.
Die Kinder zankten sich. „Ich will ihn haben!“
„Nein, ich!“
„Ich habe ihn zuerst gesehen!“
„Nein, ich!“
So ging das Geschrei. Auf einmal fiel Männe auf den Boden. Wie der Blitz fuhr er zwischen den Beinen der Kinder umher und suchte nach einem Ausweg.
„Hier ist er!“
„Nein, hier!“
„Nein, dort läuft er doch!“
So schrien die Kinder.
Endlich sah Männe eine Lücke. Wie der Wind raste er in die Wiese und fort zu seinem Bau. Mätzchen war schon da. Ganz hinten in der Höhle drückten sich beide fest an die Wand. Von ferne hörten sie das Geschrei der Kinder.
Die sangen: „Häschen in der Grube!“
Da meinte Mätzchen: „Das ist noch einmal gutgegangen.“
„Ja, aber was wird Mutter sagen?“ antwortete Männe.
„Die weiß ja nichts davon“, sagte das freche Mätzchen. *Anna Müller-Tannewitz*

Reime

Liebes Häschen willst du morgen
uns für Ostereier sorgen?
Liebes Häslein bringe bald
bunte Eier aus dem Wald.

Weiches Moos und grüne Ästchen
holen wir für dich zum Nestchen
und daneben legen wir
Gras und Klee zur Speise dir.

Und der Hund muß an die Kette
und wir Kinder gehn zu Bette,
daß dir niemand bange macht
wenn du leise kommst zur Nacht.

Friedrich Güll

*

Osterhäschen komm zu mir,
komm in unseren Garten,
bring uns Eier, zwei, drei, vier,
laß nicht lang uns warten!
Leg sie in das Nest von Gras,
du lieber, guter Osterhas.

*

Osterhäschen kommt im Lauf,
hält sich bei den Hühnern auf,
kauft dort einen Korb voll Eier,
denn die sind jetzt gar nicht teuer,
sucht die allergrößten aus,
trägt sie in den Wald hinaus,
färbt sie rot und gelb und blau,
und jetzt, Kindchen, schau nur, schau!
Kannst sie finden hinterm Busch –
fort ist's Häschen, husch, husch, husch.

Der erste Ostertag

Fünf Hasen, die saßen beisammen dicht,
Es machte ein jeder ein traurig Gesicht.
Sie jammern und weinen:
die Sonn' will nicht scheinen!
Bei so vielem Regen,
wie kann man da legen
Den Kindern das Ei?
O weih, o weih!
Da sagte der König:
So schweigt doch ein wenig!
Laßt Weinen und Sorgen,
wir legen sie morgen!

Heinrich Hoffmann

Anmerkungen
Eigene Ideen
Notizen

Wo die Ostereier versteckt waren

Das erste Ei lag im Salat,
das zweite auf dem Gartenpfad.
Das dritte Ei, man glaubt es kaum,
lag unter dem Wachholderbaum.
Und wo lag wohl das vierte Ei?
Im Käfig von dem Papagei!
Das fünfte Ei lag in der Uhr,
das sechste Ei war auf dem Flur,
das siebente im Kleiderschrank,
das achte auf der Ofenbank,
das neunte lag im Haferstroh,
beim zehnten waren alle froh.
Der Hans, der Jörg, die Lies, der Klaus.
und nun ist die Geschichte aus.

Bruno Horst Bull

*

Die Henn' mit ihrem gack, gack, gack,
die macht ein groß' Geschrei;
der Bauer weiß wohl, was sie sagt,
und nimmt ihr weg das Ei.

*

Osterhas, Osterhas,
komm mal her, ich sag' dir was:
„Hopse nicht an mir vorbei,
bring mir ein großes Osterei!"

Ich gebe dir ein Osterei
als kleines Angedenken,
und wenn du es nicht haben willst,
so kannst du es verschenken.

Willkommen, Ostertag!

Was soll denn das bedeuten,
Schneeglöckchen hübsch und fein?
Wir wollen nichts, wir läuten
ja nur den Frühling ein.

Bald wird es Sonntag werden,
und vor Gottes Altar
steigt aus dem Schoß der Erden
der Blumen bunte Schar.

Die grünen Augen brechen
dann auch in Busch und Hag,
und alle Blüten sprechen:
Willkommen, Ostertag!

Hoffmann von Fallersleben

Eierschieben

Eierschieben, Eierschieben
hat mich aus dem Haus getrieben.
Eins, zwei, drei, vier, fünf, sechs, sieben,
wenn die Sache klappt!
Mal ein Kuchen, mal ein Ei,
Apfelsinen auch dabei.
Eins, zwei, drei, vier, fünf, sechs, sieben,
hab' ich schon geschnappt.

Sollte meine Mutter schimpfen,
weil ich komm' mit nassen Strümpfen,
sag' ich: Mutter, laß das Schimpfen,
heut ist's einerlei!
denk doch mal an deine Zeit,
hat's dich da nicht auch gefreut?
Sollte meine Mutter schimpfen,
schenk' ich ihr ein Ei!

Eierschieben, Eierschieben
das wird heute großgeschrieben.
Eins, zwei, drei, vier, fünf, sechs, sieben,
und im Knie ein Loch!
Wenn's das ganze Jahr so wär,
bliebe nichts zu wünschen mehr.
Eins, zwei, drei, vier, fünf, sechs, sieben,
sieben hab' ich doch!

Volksgut aus der Lausitz

Bruno Horst Bull, „Wo die Ostereier versteckt sind", Textrechte beim Autor
Feuilleton-Beiträge Pressedienst Bruno Horst Bull 8 München 80, Bergstr. 7

Ein großer Has und ein kleines Häschen

Ein großer Has und ein kleines Häschen.
Der große Has hat große Ohren.
Das kleine Häschen hat kleine Öhrchen.
Sie sitzen im Kohl.
Der große Has frißt einen großen Kohl.
Das kleine Häschen ein ganz kleines Köhlchen.
Da kommt der Jäger und macht piff paff puff.
Da macht der große Hase tripp-trapp, tripp-trapp
und das kleine Häschen trippel-trappel, trippel-trappel,
bis sie zu Hause sind.

Da nimmt die Mutter den großen Hasen am großen Ohr,
das kleine Häschen am kleinen Öhrchen,
und da weinen sie:
Der große Has ganz große Tränen
und das kleine Häschen ganz winzig kleine Tränchen.
Da sagt die Mutter:
Nun braucht ihr nicht mehr zu weinen,
nun mache ich dem großen Hasen einen großen Verband
und dem kleinen Häschen ein kleines Verbändchen.
Und dann lege ich den großen Hasen ins große Bett
und das kleine Häschen ins kleine Bettchen.
Da liegen sie nun und schlafen.

Rätsel

Ja, ratet, wer mag das wohl sein?
Er trägt ein grau-braun Röckchen,
zwei Ohren lang und auch vier Bein'
und geht auf weichen Söckchen.
Im Frühling kommt er nur zu euch
und bringt euch bunte Gaben,
versteckt im Garten sie, im Gras;
nun sagt, wer ist's?... (Osterhas)

*

Wenn ich wüßte,
wer das ist,
der immer
mit zwei Löffeln frißt!
(Hase)

*

Wer wird von Hunden oft gejagt?
Wer ist es, der im Felde sitzt
und seine langen Ohren spitzt? (Hase)

*

Im Felde sitzt ein kleiner Mann,
er hat ein schönes Fellchen an.
Er nascht gar gern am grünen Kohl,
nun sagt mir schnell: Wer ist das wohl?
(Hase)

*

Wer kann mir den Vogel nennen,
er ist größer als die Hennen
und geht ihnen stolz voran
ratet nur, es ist der?... (Hahn)

*

Wer kräht auf dem Mist,
so laut er kann,
du weißt, wer das ist,
es ist der?...
(Hahn)

*

Er hat einen Kamm und kämmt sich nicht,
er hat eine Sichel und ist kein Schnitter,
zwei mächtige Sporen und ist kein Ritter;
er singt beim ersten Tageslicht. (Hahn)

*

Welche Mutter macht „gluck, gluck",
wenn sie ihre Kinder ruft? (Henne)

Sie scharrt im Garten,
sucht's Korn auf der Tenne,
wir kochen ihre Eier;
es ist die?... (Henne)

*

Ich kenne ein Tier,
das gackert laut.
(Henne)

*

Ich kenne ein kleines, weißes Haus
und will, wer drinnen wohnt, heraus,
so muß er erst die Wand durchbohren. (Ei)

*

Es ist weiß und frisch,
man sieht es oft auf dem Frühstückstisch.
(Ei)

*

Bim, bam, bum,
selten bin ich stumm.
Jede Stunde hört man mich;
Sonntag ruf ich feierlich
alle Menschen groß und klein,
jeden Festtag läut' ich ein.
Schwer im Turme häng' ich drin,
so, nun rate, wer ich bin.
(Glocke)

Abzählreime

Auf der Leiter sitzt ein Hahn
der ruft lustig: Du bist dran!

*

Oberpoppel Hoppelhase,
hoppelt in dem Stoppelgrase,
hoppelt in das Hasenhaus,
und du bist raus. *Janosch*

*

Zickel, zackel, zockel,
ein Ochse ist kein Gockel,
ein Gockel keine Maus,
und du bist drauß.

*

Bim, bam, beier,
der Hahn legt keine Eier,
das Huhn legt eins, zwei, drei,
und du bist frei. *Renate Lüber*

Fünf Männlein

Fünf Männlein sind in den Wald gegangen,
die wollten den Osterhasen fangen.
Der erste, der war so dick wie ein Faß,
der brummte immer: Wo ist der Has?
Der zweite rief: Sieh da, sieh da,
da ist er ja, da ist er ja!
Der dritte war der allerlängste,
doch leider auch der allerbängste,
der fing gleich an zu weinen:
Ich sehe keinen, ich sehe keinen!
Der vierte sagte: Das ist mir zu dumm,
ich mach nicht mehr mit, ich kehr wieder um!
Der kleinste aber, der hat's gemacht,
der hat den Hasen nach Hause gebracht!
Da haben alle Leute gelacht,
hahahaha!

Klein Häschen

Klein Häschen wollt spazierengehn,
spazieren ganz allein.
Da hat's das Bächlein nicht gesehn,
und plumps – da fiel's hinein!
Nun lief mein Häschen schnell nach Haus,
klitschnaß an Haut und Haar.
Die Mutter klopft ihm's Fellchen aus,
bis daß es trocken war.

*

Denk nur unser Linchen,
hat schon fünf Kaninchen.
Das erste hat ein Glöckchen um,
das zweite springt im Gras herum,
das dritte frißt nur Kraut und Klee,
das vierte ist so weiß wie Schnee,
das fünfte ist noch gar nicht groß,
sitzt gern dem Linchen auf dem Schoß.
Das sind die fünf Kaninchen,
von unserem Linchen.

Hier sitzt ein Osterhase,
im frischen, grünen Grase.
Seht hier kommt noch ein Häschen,
und schnuppert mit dem Näschen.
Die Ohren spitzen beide
und fangen an voll Freude,
die Eier zu verstecken,
in Wiesen, Wald und Hecken.
Die roten und die blauen,
wie wird mein Kind da schauen.

*

Ich kenne drei Karnickelchen,
das sind fidele Zwickelchen.
Das erste heißt „Karnackelchen“,
hat Ohren, wickel-wackelchen!
Das zweite heißt „Karnockelchen“,
hat um den Hals ein Glockelchen.
Das dritte heißt „Karnunckelchen“,
es hat ein krummes Buckelchen.
Nackel, nockel, nuckel, neck,
mach's Ställchen zu,
sonst laufen sie dir weg.

Der Osterhase

Dort im Grase,
im hohen, grünen Grase,
da sitzt ganz versteckt
der Osterhase.
Er schaut umher,
in den Hecken,
wo er könnte
die Eier verstecken.
Er legt sie husch,
ganz schnell,
unter den Busch
und ist auch schon
verschwunden.

Renate Lüber

Sommerfest

Anmerkungen
Eigene Ideen
Notizen

Lieder

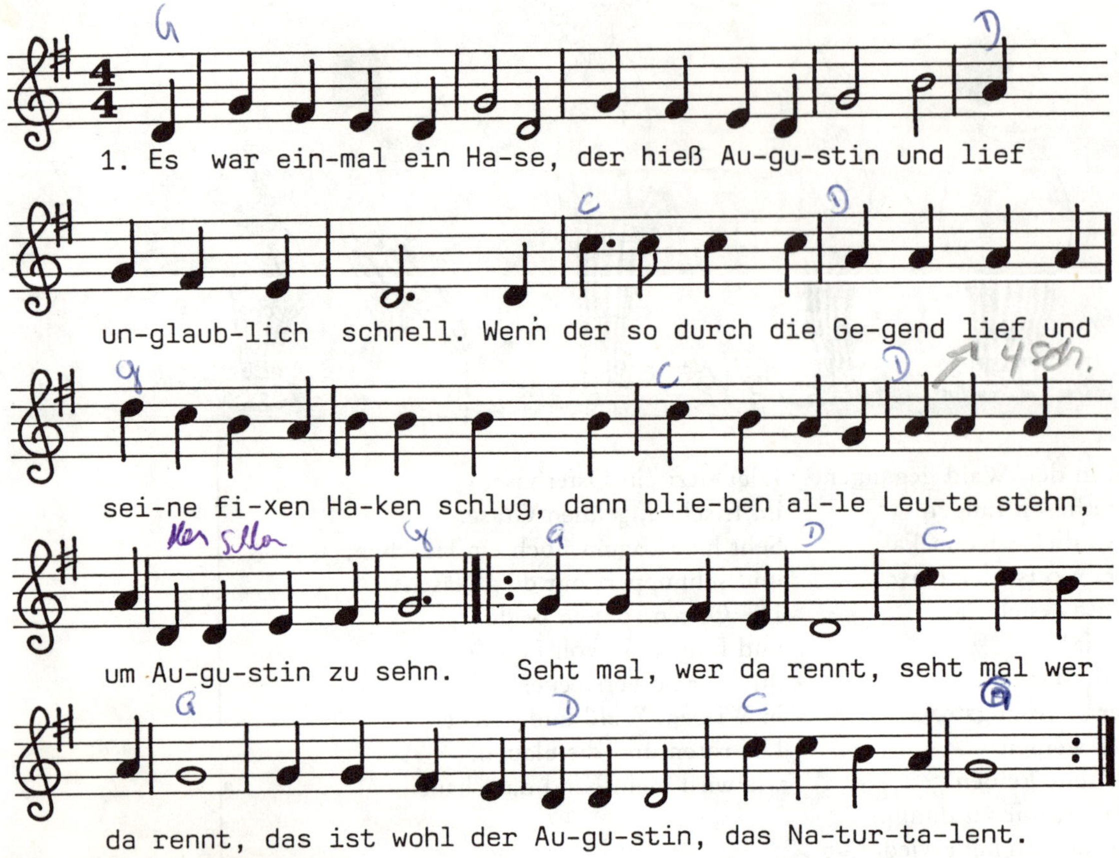

Aus:
„Der Liederspatz"
AKTIVE MUSIK
Verlagsges.,
Dortmund

2. Augustin, der flitzte,
sprang über manche Pfütze
und aß gern Rosenkohl.
Doch kam der Gärtner angerannt,
schon war der schnelle Hase weg,
der Gärtner stand im Rosenkohl
und staunte gar nicht schlecht.
Dreimal Sapperment,
dreimal Sapperment,
das ist wohl der Augustin,
das Naturtalent.

3. Einmal kam ein Jäger,
ein dicker, fetter Jäger,
Herr Schlamm aus Düsseldorf,
der hatte sich 'ne Jagd gekauft,
der wollte jetzt auf Hasen gehn,
da kommt schon einer angerannt,
Herr Schlamm hat ihn erkannt:
Dreimal Sapperment,
dreimal Sapperment,
das ist wohl der Augustin,
das Naturtalent.

4. Herr Schlamm nahm seine Flinte,
die knallte los und stank,
schon flitzt der Hase weg,
die Kugel hinterher,
doch der Hase war zu schnell,
die Kugel fiel in'n Dreck,
und Herr Schlamm, der schimpfte sehr:
Dreimal Sapperment,
dreimal Sapperment,
das ist wohl der Augustin,
das Naturtalent.

5. Augustin war stolz,
er trug die Nase hoch
und einen Orden auch.
Er wurde Landesmeister gar
im großen Zickzackdauerlauf
und bei der Ehrenrunde
sangen alle Mann ganz laut:
Seht mal, wer da rennt,
seht mal, wer da rennt,
das ist wohl der Augustin,
das Naturtalent.

Anmerkungen
Eigene Ideen
Notizen

Der Osterhase

Volksweise

2. Eier, blau und grün und fleckig,
Eier, rot und gelb und scheckig.
Häslein in dem grünen Wald,
bin dir gut und dank dir halt.
Häslein mit dem langen Ohr,
dank dir tausendmal davor!

Das Ei, das ist weiß

Melodie und Text: Gertrud Lorenz

Anmerkungen
Eigene Ideen
Notizen

Das traurige Eierlegelied

Text: Rolf Krenzer / Melodie: Siegfried Fietz

2. Im engen Käfig eingesperrt
würdelos betrachtet.
Und legen sie nicht mehr genug,
auf den Müll verfrachtet.
Kein Flattern, kein Scharren.
Sie leben. Aber wie?
Nur Elend und Trauer
in der Legebatterie.
Sie legen doch
und legen noch
und geben Eier her.
Sie leben noch
und leben doch
kein Leben mehr.

3. Wir wollen unsre Eier nur
bei dem Bauern kaufen,
wo die Hühner auf dem Hof
frei umher noch laufen.
Da haben sie Namen
und kratzen auf dem Mist
und leben ihr Leben,
weil's ihr Hühnerleben ist.
Da flattern sie
und gackern sie
und machen viel Geschrei.
Wenn ich dort kauf',
freu' ich mich auf
mein Frühstücksei.

Anmerkungen
Eigene Ideen
Notizen

Kreisspiele

Häschen in der Grube

2. Häschen, vor dem Hunde
hüte dich, hüte dich!
Hat gar einen scharfen Zahn,
packt damit mein Häschen an.

Häschen, lauf,
Häschen, lauf,
Häschen, lauf!

So wird gespielt:
Ein Kind sitzt als „Häschen" im Kreis, ein anderes als „Hund" unter einem Stuhl. Bei „Häschen hüpf ..." hüpft das Häschen im Kreis herum.
Bei „Häschen lauf ..." läuft das Häschen auf seinen Platz zurück und der Hund hinter ihm her.

Mit dem Osterei komme ich vorbei

Tschechisches Kinderlied /
Deutscher Text: Rolf Krenzer

Aus:
Rolf Krenzer,
„Die Osterzeit im Kindergarten"
Verlag
Ernst Kaufmann,
Lahr

Anmerkungen
Eigene Ideen
Notizen

Eierspiele

Eierrollen

Jedes Kind hat ein hartgekochtes Ei. Die Eier werden nun nacheinander einen kleinen Hang hinuntergerollt. Der Spieler, dessen Ei am weitesten rollt, hat gewonnen.

Eierpusten

Die Kinder sitzen mit aufgelegten Unterarmen um einen Tisch. Ein ausgeblasenes Ei wird in die Tischmitte gelegt. Alle Spieler versuchen nun das Ei von sich wegzublasen. Der Spieler, den das Ei am Unterarm berührt, muß ein Pfand abgeben. Das Spiel endet mit dem Pfandauslösen.

Eierlaufen

Jedes Kind bekommt einen Eßlöffel mit einem Ei darauf. Mit dem Eßlöffel in der Hand laufen die Kinder um die Wette. Das Kind, das zuerst mit seinem Ei auf dem Löffel im Ziel ankommt, ist Sieger.

Manuelles Gestalten

Osterglocken

Wir bemalen einen Blumen-Tontopf mit Plakafarben, lackieren ihn, befestigen an einer Kordel eine Perle als Klöppel und ziehen sie durch das Blumentopfloch.

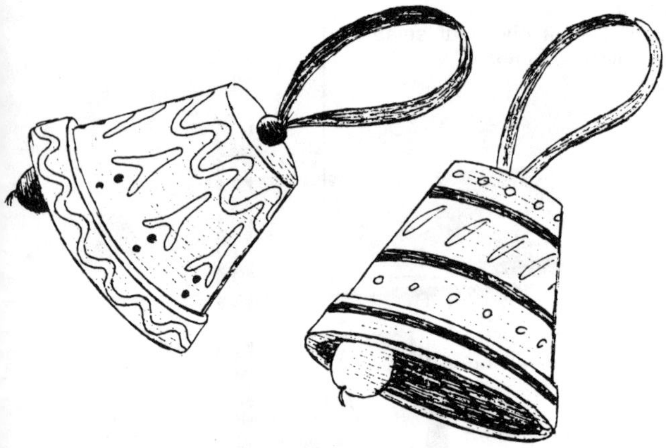

Osterkerzen

Wir verzieren weiße Stumpenkerzen mit bunten Wachsplatten.

Osterkranz

Mit ausgeblasenen, bunt bemalten Eiern (Plakafarben, Wachsfarben), Holzperlen und einer Kordel, fertigen wir einen Osterkranz.
(Gehört zur Ostertradition in der Tschechoslowakei.)

Palmstecken
Palmkreuze

Osterbaum

Material:
Blumenschale
Blumenerde, Grassamen
Holzstäbe
Buchs, Blumendraht
ausgeblasene Eier
Plakafarben

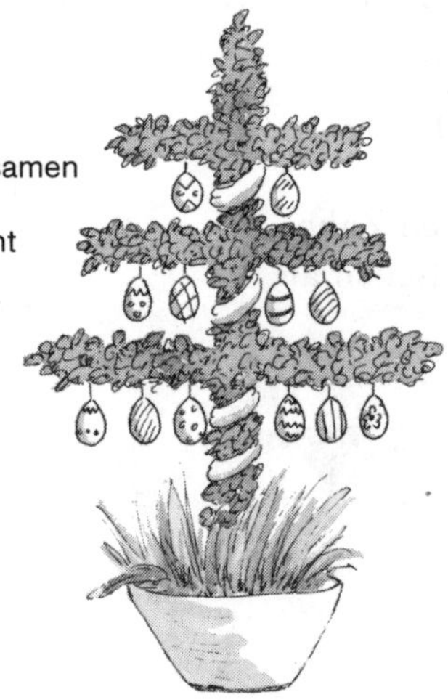

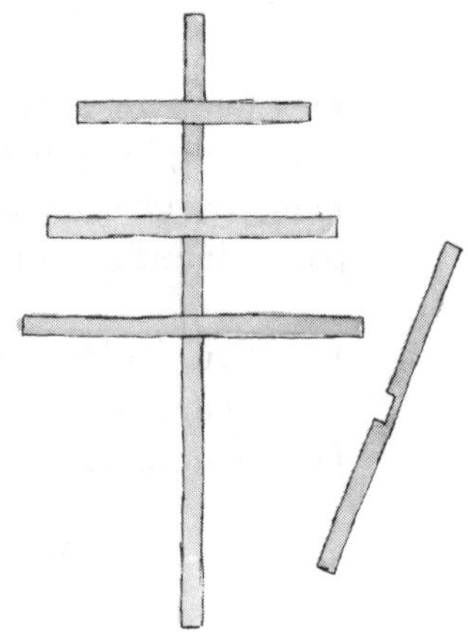

In eine Blumenschale säen wir Grassamen (einige Wochen vor Ostern, feuchthalten und an einen sonnigen Platz stellen).

Wir fertigen ein Holzgerüst und umwickeln es mit Buchs. Zum Schluß werden zwölf bemalte Eier am Baum aufgehängt.

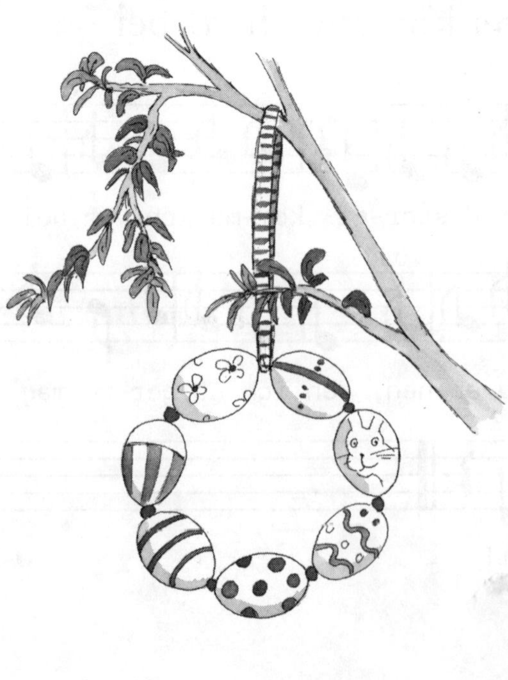

Anmerkungen
Eigene Ideen
Notizen

Huhn-Gehänge

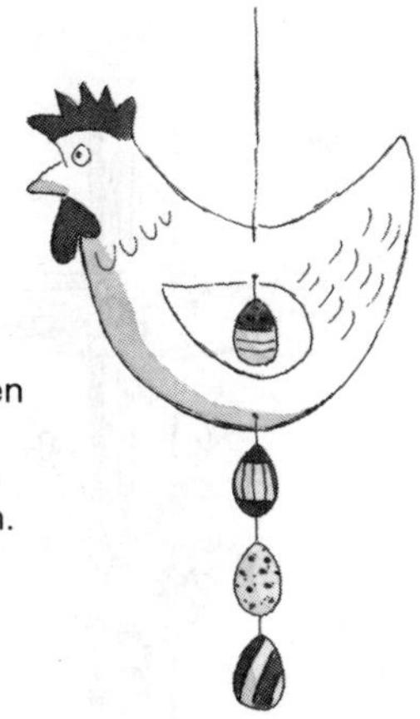

Material:
Karton
ausgeblasene Eier
Plakafarben oder Wachsfarben
Faden
Man kann das Huhn bemalen oder mit Bettfedern bekleben.

Eier färben

Wir färben Eier mit Naturfarben (Zwiebelschale, Rotebeetesaft, Schwarztee, Cafe, Spinatsaft).

Eier bemalen

Wir bemalen Eier mit Plakafarben (wischfest), mit Filzstiften (schmiert nicht und glänzt) oder mit Wachsfarben (Ei in einem Papiertaschentuch halten). Wachskreiden können auch, flüssig gemacht, aufgetragen werden. Ebenso kann man sie ritzen.

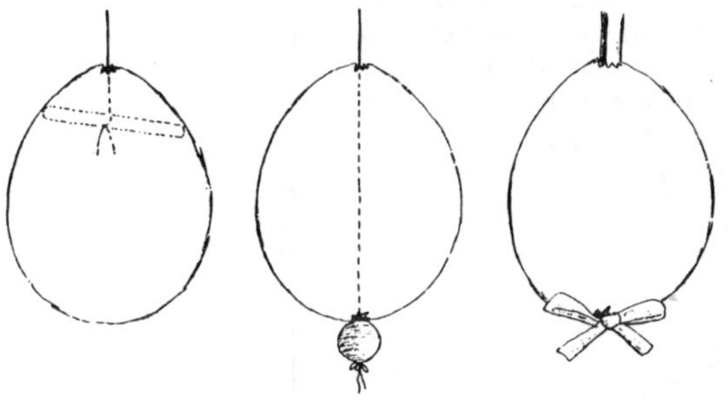

Faden anbringen:
Kordel an einem Stück Holz (Streichholz) befestigen und ins Ei stecken.
Oder: Kordel, an die eine Perle gebunden ist, durch das Ei ziehen.
Oder: Band durch das Ei ziehen (mit Hilfe einer Nadel) und die Enden zu einem Knoten oder einer Schleife binden.

Hahn

Aus einem ausgeblasenen Ei und buntem Tonpapier basteln wir einen Hahn.

Hühner falten

Aus gelben Tonpapier-Faltblättern falten wir Hühner. Aus roten und schwarzen Tonpapierresten werden Kamm, Schnabel und Augen aufgeklebt.

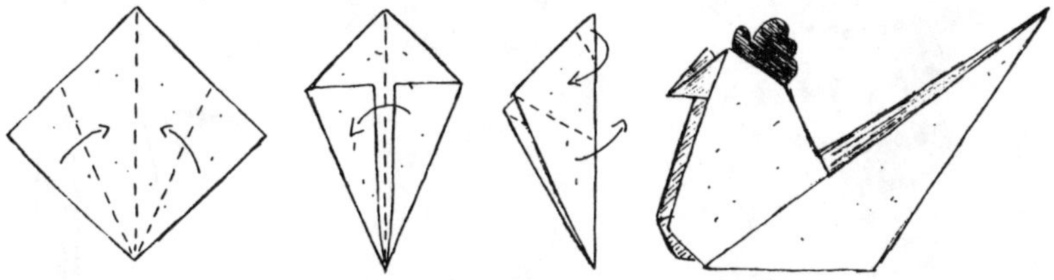

Für Schwanz- und Kopfteil Gegenbruch.

Osterhase aus Papprolle

Material:
Papprolle
Buntpapier
Farben und Klebstoff.

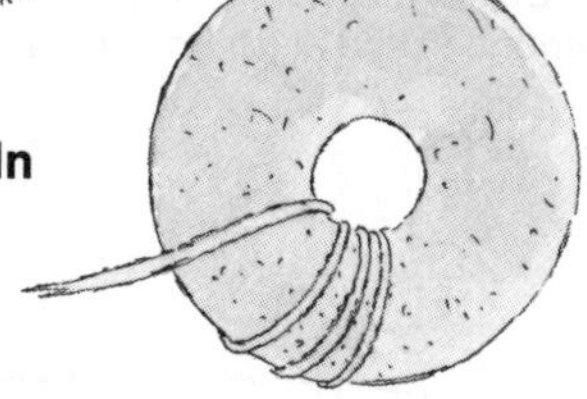

Küken aus Bommeln

Material:
Dicke gelbe Wolle
roter Filz
schwarzer Filz
2 Pappringe (3,5 und 2 cm Durchmesser)

Malen – Osterhasen

Wir malen einen Osterhasen mit Wasser- oder Wachsfarben auf Papier.

Malen – Osterei

Wir malen ein großes, reich verziertes Osterei mit Fingerfarben auf Papier, schneiden es aus und kleben es auf ein farbiges Blatt.

Blumentopf-Hase

Material:
2 gleich große Blumentöpfe
Plakafarben zum Bemalen
Tonpapier für die Ohren

Die Tontöpfe werden an den Unterseiten zusammengeklebt, mit Plakafarben bemalt, und die Ohren eingeklebt. Der obere, nach oben offene Topf, gilt als Korb zum Füllen.

Anmerkungen
Eigene Ideen
Notizen

Tischschmuck – Osterschale

Material: Tonschale
Plakafarben
Blumenerde und Gerste
Holzstab
ausgeblasenes, buntbemaltes Ei
Bänder

In der buntbemalten Tonschale wird Gerste ausgesät (Keimdauer 8 bis 10 Tage). Das Ei wird auf den Holzstab gesteckt, die Bänder angebunden und in die Schale gesteckt.

Palmkreuz

Material:
2 Holzstäbe (unterschiedlich lang)
Schnur zum Zusammenbinden
Buchs zum Schmücken

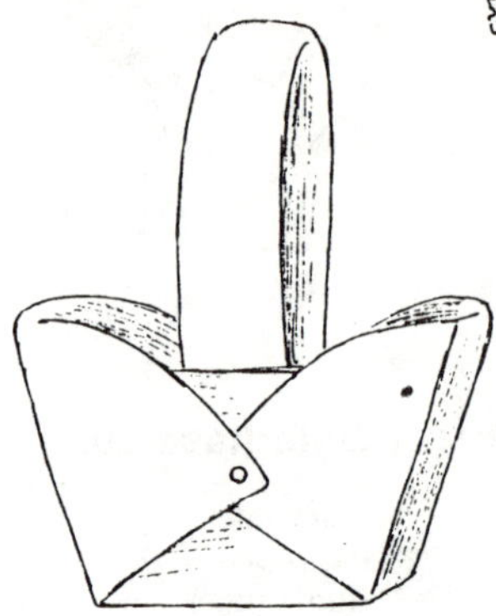

Inhalt für Osterkörbchen

Im Kindergarten sollte der Inhalt für die Osterkörbchen eigentlich nicht aus Zucker- und Schokoladeneiern bestehen.
Man kann sie z. B. auch mit hartgekochten, buntgefärbten Eiern, Häschen aus Mürbteig, einem kleinen Zopfkranz usw. füllen. Ebenso können sie ein kleines Bilderbuch beinhalten. So z. B. aus der Reihe: „Was uns die Bibel erzählt" (Taschenbuchausgabe)
„Jesus ist auferstanden"
„Zachäus"
„Einzug in Jerusalem" …

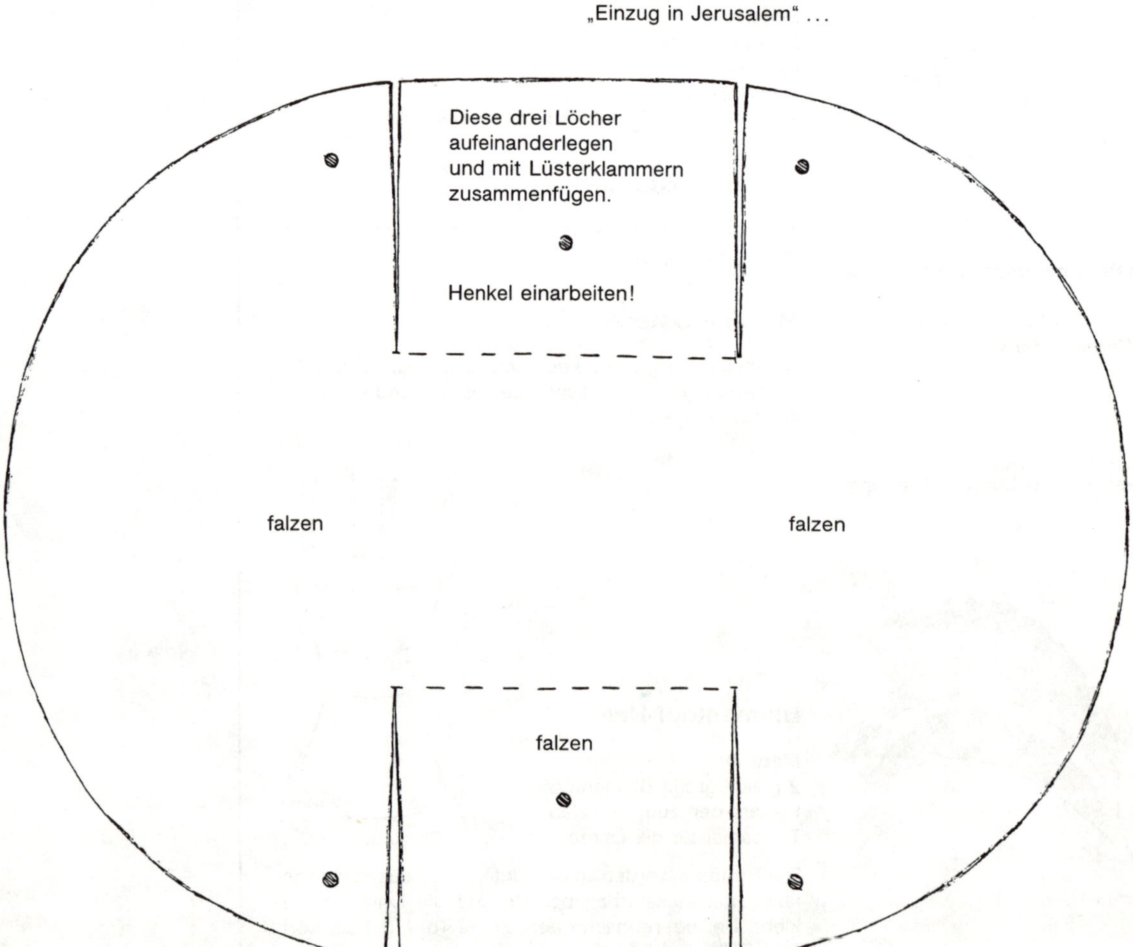

Religiöse Erziehung

Die Kinder erfahren besonders an Ostern, daß der Tod zum Leben gehört. Wenn die Kinder im Kindergarten über ihre Gefühle wie Angst und Trauer, über ihre Erfahrungen auf dem Friedhof, den Tod eines Haustieres, den Tod eines Familienangehörigen sprechen können, lernen sie allmählich ihn als Bestandteil des Lebens zu akzeptieren.

Bilderbuch
„Ich will etwas vom Tod wissen"
von Antoinette Becker / Elisabeth Niggemeyer. Ravensburger

Bücher für den Erzieher

„Kinder begegnen dem Tod"
von Marielene Leist. Verlag Herder

„Wenn Kinder trauern"
von Tobias Brocher. Kreuz Verlag, Stuttgart

„Wie ist das, wenn man tot ist?"
von Marguerita Rudolph. Ravensburger

„Wenn Oma plötzlich fehlt"
von Manfred Mai. Verlag Herder

Angesichts dessen, daß Ostern das größte Fest im Kirchenjahr ist und daß man an jedem Sonntag in der Kirche an Ostern denkt, ergibt sich, daß die Vorbereitung auf das Osterfest sich nicht nur über einige Tage oder Wochen vor Ostern erstreckt, sondern über das ganze Kindergartenjahr.
Das heißt für den Kindergarten, daß immer wieder biblische Geschichten erzählt werden und nicht nur zwischen Weihnachten und Ostern.
Dies können beispielsweise sein:

- Bartimäus
- Zachäus
- Heilung eines Gelähmten
- usw.

Man kann den Kindern erzählen, daß Jesus von vielen Menschen geliebt wurde, weil er ihnen half, sie heilte und sie liebte.
Jedoch nicht alle Leute verstanden seine Lehre richtig, und manches von dem, was er sagte, wollten sie nicht verstehen. Sie dachten, er würde lügen.
Die Römer nahmen ihn gefangen, verurteilten und kreuzigten ihn.
Dabei darf man den Schwerpunkt der Erzählung jedoch nicht auf seinen Tod legen, sondern auf seine Auferstehung.
Über sein Sterben wird kurz und sachlich berichtet. Die Freude über seine Auferstehung – Jesus lebt – steht im Mittelpunkt unserer Kindergartenfeier.
Es ist wichtig, den Kindern die Passion nicht nur stückweise oder einzeln, sondern immer mit der Auferstehung mitzuteilen. Dazu gehören:

- Einzug in Jerusalem
- Abschiedsmahl
- Verurteilung
- Kreuzweg und Tod (nicht dramatisieren)
- Auferstehung

Bilderbuch
„Jesus ist auferstanden"
Württ. Bibelanstalt – auch als Dias aus der Reihe: Was uns die Bibel erzählt.

Anmerkungen
Eigene Ideen
Notizen

Ostern will in diesen Tagen

Text und Melodie: Wolfgang Longardt

Sprechtext

Ein Kind: 1. Wie das Korn tief in die Erde sinkt,
und verwandelt neue Frucht uns bringt ...

alle: ... ist das nicht verwunderlich,
das was lebt, es wandelt sich.

Jetzt wird der Kehrreim gesungen

Sprechtext

Ein Kind: 2. Aus der Raupe wird ein Schmetterling,
heute wein' ich – ob ich morgen sing –?

alle: .... ist das nicht verwunderlich,
das was lebt, es wandelt sich:
(gesungener Kehrreim folgt)

Ein Kind: 3. War die Erde nicht so kalt und tot
nun blüh'n Blumen, weiß und gelb und rot ...

alle: ... ist das nicht verwunderlich,
das was lebt, es wandelt sich:
(gesungener Kehrreim folgt)

Ein Kind: 4. Jesu Freunde waren so verzagt,
eh von Ostern ihnen dann gesagt ...

alle: ... ist das nicht verwunderlich,
das was lebt, es wandelt sich:
(gesungener Kehrreim folgt)

Ein Kind: 5. Nun singt fröhlich man von Jesus Christ,
der nicht tot und nicht vergessen ist ...

alle: ... ist das nicht verwunderlich,
das was lebt, es wandelt sich:
(gesungener Kehrreim folgt)

Aus:
Wolfgang Longardt,
„Leben im Jahreskreis",
Frühling – Sommer
Verlag Herder

Geschichte

Reime

Fingerspiele

Abzählreime

Singspiel

Lieder

Manuelles Gestalten

Religiöse Erziehung

Fastnacht – Fasching – Karneval

Gespräche

Ausgang

Faschingsfest

Einladung

Bilderbücher

Vorlesebücher

Dias